PROF. DR. VERENA KÖNIG | DIPL.-ING. VERA BARNERT

DIE IMMOBILIE ALS MARKE

Impressum

Bibliografische Information der Deutschen Nationalbibliothek
Die Deutsche Nationalbibliothek verzeichnet diese Publikation
in der Deutschen Nationalbibliografie;
detaillierte bibliografische Angaben sind im Internet unter
http://www.dnb.de abrufbar.

www.immobilie-als-marke.de

Helmholtzstr. 2-9
10587 Berlin
Umschlag, Satz & Layout: BE EXTRAORDINARY, München
Druck und Bindung: ScandinavianBook, Gravenstein Dänemark

ISBN 978-3-96543-309-0
2. korrigierte Auflage
www.lehmanns.de

INHALT

01

VORWORT UND EINFÜHRUNG

Für die meisten Menschen stellt der Erwerb einer Immobilie die komplexeste und folgenreichste Kaufentscheidung ihres Lebens dar und ist vielfach auch Ausdruck eines individuellen Lebensstils. Umso sehr verwundert es, wie wenig in der Immobilienwirtschaft bisher in den Aufbau echter Markenwelten investiert wurde, obwohl dies den Wert eines Objektes nachhaltig steigern kann. Dabei bezieht sich Markenführung nicht nur auf einen Mehrwert beim Erstkauf, sondern auch auf einen späteren Wiederverkaufswert, denn mit einer konsistenten Marke wird die Immobilie erlebbar und kann auch in der Zukunft immer wieder neue Zielgruppen begeistern (vgl. Brakus et al., 2009).

Beim Aufbau werterhaltender Immobilienmarken liegt ein besonderes Geheimnis in der Analyse der Wohnsehnsüchte der Menschen. Empathie für die Zielgruppen zu entwickeln, ist die Voraussetzung effektiver Markenführung. So kam eine Studie aus dem Jahr 2021 zu dem Ergebnis, dass bei angehenden Akademikern der seit Jahrzehnten zu beobachtende Trend der Landflucht stark abnimmt und die Sehnsucht nach einem Leben mit mehr Nachhaltigkeit auf dem Land zunimmt (König, 2021). Auf die Frage, für welche Alternative sich die Studierenden entscheiden würden – entweder „viel Platz und Wohnraum“ oder „zentrale Lage der Immobilie“ – entschieden sich 71 % der 80 befragten Studierenden für die Alternative zu mehr Wohnraum. Daneben präferierten bei der Frage nach der Wunschwohnumgebung 63 % „Grünflächen und wenig Verkehr“ und nur 37 % „Kultur und Veranstaltungsorte“. Auf die Frage, was die angehenden Akademiker in ihrer Freizeit lieber zur Entspannung unternehmen würden, wählten 88 % der Befragten „einen Spaziergang durch die Natur“ und nur 12 % einen „Schaufensterbummel durch die Stadt“. Daneben ergab die Studie auch, dass diese Sehnsüchte nach einem Leben auf dem Land mit einem neuen Arbeitsverständnis junger Leute korrelieren und sich auf einen gewünschten Homeoffice-Anteil von zwei bis drei Tagen pro Arbeitswoche beziehen (König, 2021). Selbstverständlich sind diese Ergebnisse wegen der Auswirkungen sozialer Isolation in Folge der Maßnahmen zur Bekämpfung der Corona-Pandemie mit Vorbehalt zu interpretieren, trotzdem weisen sie auf einen Trend hin, den die Immobilienwirtschaft berücksichtigen sollte, denn ein Drang nach „Landflucht“ junger Akademiker kann durch diese Ergebnisse nicht bestätigt werden.

Dabei sind die Gründe für das Ablehnen der Stadt vielfältig und reichen von mangelndem Wohnraum, über Lärm, Enge, Stress, Dreck, höhere Kosten auch hin zu einem Empfinden von mangelnder Sicherheit auf Kriminalitätsbelastung in Städten. Ruhe, Familienorientierung und der Wunsch nach Gemeinschaft nehmen zu. Für Akteure der Immobilienwirtschaft sind diese interessanten Marktkenntnisse angehender Akademiker in ihre Projektentwicklung zu integrieren.

Wertstabile Immobilienmarken nutzen Empathie und knüpfen an Bedürfnisse an, denn sie verstehen sich als ein langfristiges Versprechen an die Menschen. Dabei wird der Begriff der Marke in der Immobilienwirtschaft vielfach nicht immer richtig interpretiert und häufig nur als „Marketinghülle" verwendet. Aber echte Immobilienmarken bieten einen Mehrwert. Dabei kommt der Identität einer Marke eine besondere Bedeutung zu, denn sie ist die Basis für die Schaffung einer Aura, die Begehrlichkeiten weckt und die emotionalen Bedürfnisse der Menschen anspricht. Sie vermittelt Interessenten sowohl Sicherheit und Vertrauen, als auch die Möglichkeit, ihren individuellen Lebensstil auszudrücken.

Empathie bedeutet dabei auch, eine zielgruppenspezifische Kommunikation zu entwickeln, die die Menschen überzeugt. In diesem Zusammenhang haben sich die Anforderungen an die Kundenansprache in den vergangenen Jahren maßgeblich verändert. Insbesondere im oberen Preissegment sind durch die Digitalisierung die Erwartungen in Bezug auf die Markenkommunikation gestiegen. Visuell ansprechende – aber austauschbare – Botschaften reichen nicht mehr aus, um im Markt wahrgenommen zu werden und nachhaltig zu faszinieren. Es bedarf vielmehr einer individuellen Kommunikation im Sinne eines gut erinnerbaren Storytellings.

Die Gründe für eine Markenkommunikation in Form von Geschichten sind vielfältig und konnten empirisch nachgewiesen werden (z. B. Aaker D., Aaker J. L. 2016). Ausgangspunkt einer Integration von Storytelling ist, dass Architektur und Marke immer etwas Abstraktes sind, was einem Nichtfachpublikum zugänglich gemacht werden muss. Durch eine bildhafte, assoziative, sinnstiftende Sprache im Sinne einer effektiven Architekturvermittlung wird sie einfacher wahrgenommen und erlebbar, denn aus der tagtäglichen Bilderflut resultiert eine latente Überforderung und die Wahrnehmung erfolgt zunehmend selektiv (vgl. Sax, 2006).

In dem vorliegenden Buch soll der Frage nachgegangen werden, wie eine Immobilie zu einer echten Marke aufgebaut werden kann, um ihren Wert zu steigern. Dabei wird das notwendige Fachwissen, verbunden mit inspirierenden Einblicken in die visuellen Gestaltungsmöglichkeiten von Markenwelten, vermittelt.

Weder ein Talent ohne Wissenschaft noch eine Wissenschaft ohne Talent kann je einen vollendeten Künstler schaffen.

vgl. Vitruv (88–16 v. Chr.), römischer Baumeister

In Anlehnung an dieses Zitat des berühmten römischen Baumeisters Vitruv sollen im vorliegenden Buch sowohl Erkenntnisse aus der Theorie bzw. Wissenschaft als auch aus der Praxis vermittelt werden. Das theoretische Fundament bildet dabei den Ansatz zur identitätsbasierten Markenführung, der maßgeblich auf Arbeiten von Aaker in den USA, Kapferer in Frankreich, sowie Meffert und Burmann in Deutschland basiert. Daneben fließen eigene, weiterentwickelte Ansätze aus vorherigen Publikationen (z. B. König, 2017) und Praxisbeispielen der Autorin Vera Barnert mit in das Werk ein.

In Bezug auf die Gliederung ist dieses Buch wie ein Prozess aufgebaut. Ausgehend von der Erfassung der emotionalen Bedürfnisse der Zielgruppe wird die Identität der Marke analysiert und eine klare Positionierung abgeleitet. Auf dieser Basis können im weiteren Verlauf Name, Logo, Architectural Storytelling sowie Architekturvisualisierung kreiert werden.

Zielgruppe sind vor allem Marketingentscheider bei Bauträgern, Projektentwicklern oder Agenturen, die sich ein kompaktes Nachschlagewerk zur identitätsbasierten Immobilienmarkenführung wünschen.

Wir danken Volker Thurner vom Verlag Lehmanns Media für die vielen hilfreichen Hinweise zur Ausrichtung und Gestaltung des Buchs. Daneben danken wir Oliver Barnert für das eindrucksvolle Bildmaterial seiner Projekte, das er uns zur Verfügung gestellt hat und Frau Professorin Dr. Jedem-Kury für ihre wertvollen Hinweise zum Inhalt des Buchs. Ferner danken wir Sabrina Fimm für das Zusammenstellen verschiedener Exposépassagen in den Fallstudien und schließlich Verena Hanisch, die uns mit einem Korrektorat unterstützt hat.

Im Sinne einer besseren Lesbarkeit der Texte wurde von uns entweder die männliche oder weibliche Form von personenbezogenen Hauptwörtern gewählt. Dies impliziert keinesfalls eine Benachteiligung des jeweils anderen Geschlechts. Frauen und Männer mögen sich von den Inhalten dieses Buches gleichermaßen angesprochen fühlen.

Allen Lesern wünschen wir spannende und inspirierende Einblicke in die Welt der Immobilienmarken. Für eine Rückmeldung und auch Anregungen für eine weitere Auflage dieses Werks sind wir dankbar.

Prof. Dr.
VERENA KÖNIG

Hochschulprofessorin
Duale Hochschule Baden-Württemberg

Dipl.-Ing.
VERA BARNERT

Geschäftsführerin
Agentur BE EXTRAORDINARY.

Von Verena König für Helmut Pannenbäcker:

Meinem Vater.

In Verbundenheit und Dankbarkeit für alles,
was Du für mich getan hast.

Deine Verena

„Man sieht nur mit dem Herzen gut,
das Wesentliche ist für die Augen unsichtbar."

Antoine de Saint-Exupéry (Der kleine Prinz)

Von Vera Barnert für Oliver Barnert und Bennett Hector Barnert:

Wenn Spiel und Vernunft für die Erschaffung der Ästhetik notwendig sind, so bedanke ich mich bei meinen größten Inspirationsquellen.

Meinem Sohn und stetigen Spielgefährten und meinem geliebten Ehemann, der mich stets zur Vernunft bringt.

In Liebe und Dankbarkeit,

Vera

02

WAS IST EINE IMMOBILIENMARKE?

Nicht alles, was als Immobilienmarke angepriesen wird, ist auch wirklich eine echte Marke.

Bild: In der akademischen Literatur wird der Begriff der „Marke" seit Jahrzehnten diskutiert.

Recherchiert man nach Agenturreferenzen, fällt auf, dass in der Immobilienwirtschaft gerne der Begriff „Marke" für Objekte unterschiedlichster Art verwendet wird, obwohl es sich keinesfalls um eine Marke handelt. Es scheint fast, dass alle Objekte, denen ein Name gegeben wird, als Marke bezeichnet werden. Jedoch greift diese Sichtweise bei weitem zu kurz.

Ab wann spricht man eigentlich von einer echten Marke?

In der Literatur findet man eine Vielzahl unterschiedlicher Definitionen zum Begriff der Marke. Trotz dieser Unterschiedlichkeiten beziehen sich die meisten von ihnen auf die Wichtigkeit eines echten Alleinstellungsmerkmals, was in der Praxis häufig unterschätzt wird.

Bild: Nur mit einem Alleinstellungsmerkmal entsteht eine echte Marke.

Eine sehr praktikable Definition einer Marke ist die von Burmann et al., die sie als „ein Nutzenbündel mit nachhaltiger Differenzierungskraft“ beschreiben (vgl. Burmann et al., 2018). Sie dient im Folgenden als theoretische Basis.

Die nachhaltige Differenzierungskraft bzw. das Alleinstellungsmerkmal ist demnach das entscheidende Kriterium, um beurteilen zu können, ob es sich um eine echte Immobilienmarke handelt. Liegt dieses nicht vor, kann auch nicht von einer echten Marke gesprochen werden.

Warum der Aufbau einer Immobilienmarke so wichtig ist, hat mit ihrer direkten Wirkung auf den Wert der Immobilie zu tun. Dahinter stehen im Wesentlichen die beiden Markenbausteine „Brand Awareness“ und „Brand Image“.

Brand Awareness

Unter „Brand Awareness" wird die Bekanntheit bzw. Prominenz einer Immobilienmarke in ihrer relevanten Zielgruppe verstanden.

Bild: Die tagtägliche extreme Informationsüberflutung verstärkt die selektive Wahrnehmung.

Sie ist deshalb so wichtig, da wir durch die immense Kommunikation über soziale Medien in einer Zeit der extremen Informationsüberflutung leben (vgl. Lee et al., 2017). Dieser sogenannte „Information Overload" führt dazu, dass Menschen durch eine Vielzahl von Reizen, die tagtäglich auf sie einströmen, nur noch sehr selektiv Botschaften wahrnehmen (vgl. Petersen et al., 2017). Sie filtern sämtliche Kommunikationsbotschaften unterbewusst nach wichtig und unwichtig. Unterscheiden sich Kommunikationsbotschaften nicht voneinander, gehen sie in der täglichen Informationsüberflutung sprichwörtlich unter. Sie werden von einer Zielgruppe einfach nicht mehr wahrgenommen. Mit einer entsprechenden Markenprominenz kann diesem Phänomen gegengesteuert und Aufmerksamkeit erzeugt werden.

Brand Image

Unter „Brand Image“ werden sämtliche Einstellungen gegenüber der Marke in der relevanten Zielgruppe verstanden. Nur wenn diese als einzigartig und wichtig wahrgenommen werden, ist das Image als positiv zu beurteilen.

Ein als austauschbar wahrgenommenes Immobilienangebot wird niemals als hochwertig angesehen, was sich negativ auf eine Zahlungsbereitschaft der Kunden auswirken kann. Letztendlich wirkt sich dies dann wertmindernd auf die Immobilie aus.
Ein einfaches Beispiel dazu: Wenn einem Käufer mehrere Immobilienobjekte den gleichen Nutzen versprechen, aber keinerlei Besonderheit bzw. Differenzierung zu erkennen ist, beginnen Menschen auf Basis der wahrgenommenen Austauschbarkeit, die Preise zu vergleichen.

Bild: Ein als austauschbar wahrgenommenes Immobilienangebot wird niemals als hochwertig angesehen.

Bild: Eine echte Immobilienmarke schützt die Immobilie vor Wertminderung.

Marken schützen vor Preisdiskussionen

Die Investition in eine echte Immobilienmarke schützt vor dieser wertmindernden Wirkung, denn sie signalisiert schon beim ersten Eindruck ein einzigartiges Profil und überzeugt damit.
Was in der Praxis häufig unterschätzt wird, ist die Tatsache, dass sich eine nachhaltige Differenzierungskraft keinesfalls nur auf die sachliche Faktenebene, wie z. B. Standort, Grundriss oder Ausstattung beziehen muss. Echte Immobilienmarken sprechen vielmehr die emotionalen Bedürfnisse ihrer Zielgruppe an. Aus diesem Grund ist die Analyse der Zielgruppe von besonderer Bedeutung.

03

EMPATHIE FÜR DIE ZIELGRUPPE MIT DER „REAL ESTATE BUYER PERSONA“

Nur wer ein tiefes Verständnis seiner Zielgruppe hat, kann eine erfolgreiche Marke aufbauen.

Bild: Bei einem typischen „High-Involvement-Kauf" wie dem Kauf einer Immobilie ist das persönlich empfundene Risiko sehr hoch.

Zum Aufbau einer Immobilienmarke ist die Analyse der Zielgruppe von besonderer Bedeutung, da es sich hierbei um einen typischen „High-Involvement-Kauf" handelt. Ein ausgeprägtes Involvement bedeutet, dass ein Immobilienkauf dem Käufer sehr wichtig und seine sogenannte „Ich-Beteiligung" entsprechend stark ausgeprägt ist. Dies äußert sich in einem gesteigerten kognitiven und emotionalen Engagement. Daneben empfindet der Käufer aber auch ein hohes persönliches Risiko beim Kauf, das nicht nur finanzieller Natur sein muss, sondern sich auch auf einer psychologischen Ebene abspielen kann (vgl. Michaelidou, Dibb, 2008).

Mit anderen Worten sind Herz und Verstand bei dem Kauf einer Immobilie stark eingebunden.

Um ein ganzheitliches Bild der Zielgruppe und ihrer Lebenswelt mit all ihren Bedürfnissen zu erfassen, ist die Anfertigung einer sogenannten „Real Estate Buyer Persona" hilfreich (vgl. Herskovitz, Crystal, 2010). Darunter versteht man die Beschreibung und Darstellung einer fiktiven Person als typische Vertreterin der Wunschzielgruppe einer Immobilie.

Der Aufbau einer Real Estate Persona gliedert sich in mehrere Bereiche:

1. Allgemeine Angaben zur Persona
2. Immobilienspezifische Angaben zur Persona
3. Kurzbeschreibung der Persona
5. Moodboard zur Visualisierung der Lebenswelt der Persona

Typischer Aufbau einer Real Estate Buyer Persona

Beschreibung der Persona

Leistungsorientierter, intellektueller Single mit urban-modernem Lifestyle, verankert in der oberen Mittelschicht.

Bild typischer Vertreter

Allgemeine Angaben

1. Demografische Daten (Alter, Geschlecht, Familienstand etc.)
2. Sozioökonomische Daten (formale Bildung, Schulabschluss, Beruf, Einkommen, Besitz etc.)
3. Psychografische Daten allgemein (Ziele, Werte, Bedürfnisse, Ängste, Lebensstil etc.)
4. Verhaltensbezogene Daten (Preisverhalten, Mediennutzung, Kaufkanäle online/offline, Produkt- und Dienstleistungswahl, Markenwahl etc.)
5. Geografische Daten (urban, ländlich etc.)

Immobilienspezifische Angaben

1. Funktional-sachliche Bedürfnisse
2. Emotionale Bedürfnisse der „sozialen Identität"
3. Emotionale Bedürfnisse der „privaten Identität"
4. Weitere psychografische Daten produktbezogen (z. B. häufige Einwendungen gegen Immobilien, spezifische Wahrnehmungen, Motive, Einstellungen)

Bild: Der typische Aufbau einer „Real Estate Buyer Persona" gliedert sich in mehrere Bereiche.

Allgemeine Angaben zur Persona

Die allgemeinen Angaben beschreiben Eigenschaften der Real Estate Persona unabhängig von dem Immobilienkauf.

Dazu gehören demografische Daten zur Zielgruppe wie beispielsweise Alter, Familienstand und Haushaltsgröße und sozioökonomische Größen wie das Bildungsniveau, Einkommen und Vermögen, was teilweise auch als Schichtzugehörigkeit beschrieben wird (vgl. Martin, G., 2011).

Zu den allgemeinen psychografischen Daten gehören Werte, Risikoneigungen, Ziele, Ängste und insbesondere der Lebensstil sowie die Lebensphase.

Neben diesen Daten gehören zu den allgemeinen Angaben auch verhaltensbezogene Informationen wie beispielsweise Preisverhalten und Mediennutzungsverhalten sowie geografische Angaben, also ob die Zielgruppe typischerweise im urbanen oder im ländlichen Umfeld anzutreffen und von ihr geprägt ist.

Referenzobjekte aus dem eigenen Immobilienportfolio, aber auch Branchenstudien und -statistiken z. B. von Städten liefern hierbei die relevanten Informationen.

Die Bedürfnispyramide nach Maslow

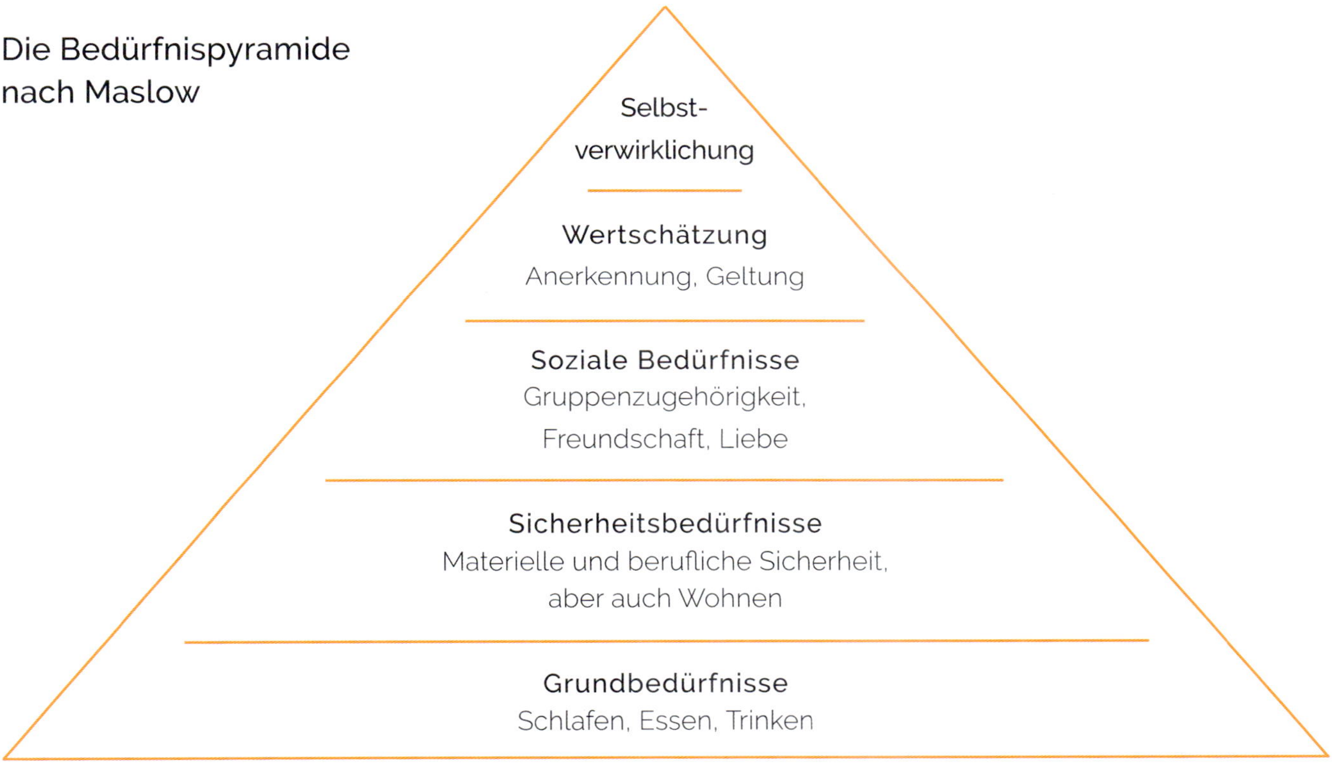

Bild: Die Maslowsche Bedürfnispyramide ist ein absoluter Klassiker der humanistischen Psychologie und strukturiert die menschlichen Bedürfnisse in Form einer Pyramide, deren Drang nach Befriedigung sich von unten nach oben entwickelt.

Immobilienspezifische Angaben zur Persona

Von besonderer Bedeutung für die Anfertigung einer Persona sind die immobilienspezifischen Angaben. Diese umfassen rein funktional-sachliche Bedürfnisse, aber auch emotionale Bedürfnisse, die die Immobilienmarke abdecken sollte.

Nach der Maslowschen Bedürfnispyramide – einem absoluten Klassiker der humanistischen Psychologie – würden sich die funktional-sachlichen Bedürfnisse auf die unteren beiden Ebenen beziehen, welche als „Grundbedürfnisse“ und „Sicherheitsbedürfnisse“ beschrieben werden, und die emotionalen Bedürfnisse auf die oberen Ebenen (Maslow, 1943).

Funktional-sachliche Bedürfnisse

Zu den funktional-sachlichen Bedürfnissen einer Immobilienmarke gehören Bedürfnisse, die durch echte Fakten abgedeckt werden.

Dazu zählen die Größe, die Raumaufteilung im Grundriss, die Qualität der Ausstattung und Materialien, das empfundene Preis-Leistungs-Verhältnis – also Bedürfnisse nach Leistungen, die der Nachfrager auch wirklich faktisch bzw. zuverlässig durch den Erwerb der Immobilie abdecken kann.

Auch Lage, Umfeld, Verkehrsinfrastruktur und Einkaufsmöglichkeiten gehören zu den funktional-sachlichen Bedürfnissen. So ist beispielsweise für Familien die Nähe zu Schulen bedeutsam und für Senioren die Möglichkeiten einer ärztlichen Versorgung. Die Analyse dieser funktional-sachlichen Bedürfnisse ist essenziell, damit ein Objekt überhaupt in die nähere Auswahl der Käufer kommt. Verschiedene Marktforschungsinstitute bieten in regelmäßig veröffentlichten Studien Einblicke zu diesen Bedürfnissen (z. B. Sinus, Zukunftsinstitut).

Bild: Zu den funktional-sachlichen Bedürfnissen einer Immobilienmarke gehören Bedürfnisse, die durch Fakten abgedeckt werden.

Die emotionalen Bedürfnisse

Neben den funktional-sachlichen Bedürfnissen sind bei Vorhandensein mehrerer Objekte häufig die emotionalen Bedürfnisse von Menschen, die sich auf verschiedenen Ebenen der menschlichen Persönlichkeit abspielen, ausschlaggebend für eine Kaufentscheidung.

In diesem Zusammenhang ist Emotion ein wichtiger Begriff, den es zu klären gilt. Ganz grundsätzlich versteht man in der Literatur unter einer Emotion einen inneren Vorgang, der positiv oder negativ empfunden werden kann, wie beispielsweise Freude, Vertrauen oder Besorgnis. Emotionen können bewusst oder unbewusst erlebt werden (vgl. u. a. Ekmann, 1988).

In Bezug auf den Erwerb einer Immobilie sind dabei zwei wesentliche Arten von emotionalen Bedürfnissen zu unterscheiden –

> die emotionalen Bedürfnisse der sogenannten „sozialen Identität“, wie z. B. Anerkennung und Geltung und die der „privaten Identität“ bzw. „Ich-Identität“, die rein intrinsisch sind, wie z. B. Persönlichkeitsbestätigung und Selbstverwirklichung (vgl. Sirgy, 1982).

Bild: Emotionen sind innere Vorgänge, die bewusst oder unterbewusst, positiv oder negativ empfunden werden können.

Die Bedürfnisse der „sozialen Identität"

Ganz grundsätzlich hat jeder Mensch ein bestimmtes Bild von sich, das in der Literatur als Selbstkonzept bezeichnet wird. Dabei kann zwischen der „sozialen Identität" und der „privaten Identität" unterschieden werden.

Die soziale Identität ist – einfach erklärt –

das Selbstbild während der Interaktion mit anderen Menschen und insbesondere im Rahmen einer Gruppenmitgliedschaft (vgl. Tajfel, Turner, 1979).

Dieses Gefühl von Zugehörigkeit oder auch Nichtzugehörigkeit zu sozialen Gruppen kann in einem Persönlichkeitsmehrwert resultieren und schließlich zu bestimmten Kaufhandlungen motivieren (vgl. Hauge, 2007).

Durch den Erwerb einer Immobilie mit einer entsprechenden Marke können Menschen die Bedürfnisse ihrer sozialen Identität befriedigen. Es geht also nicht um eine rein funktional-sachliche Ebene des täglichen Lebens, sondern vielmehr um den

Ausdruck der eigenen Persönlichkeit und des Lebensstils gegenüber anderen.

Bild: Die soziale Identität stellt das Selbstbild während der Interaktion mit anderen Menschen dar.

Besonders der Wunsch nach Status und Geltung kann bei bestimmten Objekten eine besondere Rolle spielen und eine Kaufentscheidung maßgeblich beeinflussen (vgl. Podoshen, Andrzejewski, 2010). Dieser Effekt wird in der Praxis häufig auch als Prestigenutzen bezeichnet und kann bereits beim Durchlesen der ersten Seite eines Exposés zum Ausdruck kommen.

Der richtige Name und die richtige Story mit der richtigen Visualisierung können schon nach einigen Sekunden die Sehnsucht der Menschen ansprechen.

Bild: Ein häufiges Kaufmotiv ist der Wunsch nach Anerkennung.

Bild: Unter dem „Veblen-Effekt" versteht man den Geltungskonsum.

Je nach Ausprägung innerhalb der Zielgruppe kann eine Immobilienmarke dann dafür sorgen, dass sich

Menschen bestimmten sozialen Gruppen zugehörig fühlen oder dass sie sich von bestimmten Gruppen abgrenzen möchten.

Diese Effekte können auch langfristig den Wert der Immobilie durch Pflege des Markenmythos prägen.

In der Literatur wurden diese sozialen Marken-phänomene bereits vielfach untersucht und können beispielswiese mit dem Veblen-Effekt, dem so genannten Geltungskonsum (Veblen, 1899), und dem Snob-Effekt, dem Wunsch nach Abgrenzung von der Masse (Leibenstein, 1950), erklärt werden.

Die Bedürfnisse der „privaten Identität"

Neben den sozialen Bedürfnissen existieren bei Immobilienkäufern aber auch intrinsische Bedürfnisse der privaten Identität. Hierbei geht es nicht um das Zurschaustellen des eigenen Erfolgs, sondern vielmehr um

eine innere Bestätigung oder Selbstverwirklichung.

Dabei beschreibt die private Identität das Bild, das ein Mensch ohne den Einfluss anderer von sich selbst hat (vgl. Conzen, 2010).

Bild: Die private Identität ist das ganz persönliche Selbstbild ohne die Einflüsse von außen.

Eine die menschlichen Sinne ansprechende Immobilienmarke verfügt häufig über diesen Nutzen zur Bestätigung des eigenen Ichs.

Ziel ist es, dass die Menschen ganz persönlich und für sich allein Freude und Genuss an der Welt der Immobilienmarke empfinden.

Hierbei kann zwischen einer sinnlich-ästhetischen sowie hedonistisch-intrinsischen Bedürfnisbefriedigung durch den Genuss einer Immobilienmarke unterschieden werden (vgl. Burmann et al., 2018).

Erstere ergibt sich aus den ästhetischen Eigenschaften wie beispielsweise der Visualisierung der Schönheit der Architektur, den Materialien und dem Spiel mit Licht.

Bild: Zu den sinnlich-ästhetischen Bedürfnissen gehören alle intrinsischen Bedürfnisse, die über die menschlichen Sinne erfasst werden können (z. B. durch Begrünung).

Zweitere ergibt sich dagegen aus einem subjektiv-persönlichkeitsbezogenen Verarbeitungsprozess, der sich beispielsweise darauf bezieht, sich eine besonders exklusive Immobilienmarke gönnen zu wollen. Dahinter steht das Bedürfnis, sich selbst zu belohnen bzw. zu bestätigen oder einfach die Immobilienmarke als puren Genuss zu empfinden.

Im Gegensatz zu den sozialen Bedürfnissen, deren Befriedigung immer abhängig von anderen Menschen bzw. sozialen Gruppen ist,

bezieht sich der intrinsische Nutzen auf Selbstbestätigung, Selbstachtung oder die Selbstfindung und Selbstverwirklichung (vgl. Parker, 2009).

Nach dieser Beschreibung von emotionalen Bedürfnissen sollten bei der Real Estate Buyer Persona noch weitere immobilienspezifische psychografische Daten mit aufgenommen werden, wie z. B. typische Einwendungen gegen spezifische Immobilien, besondere Wahrnehmungen, Motive und Einstellungen.

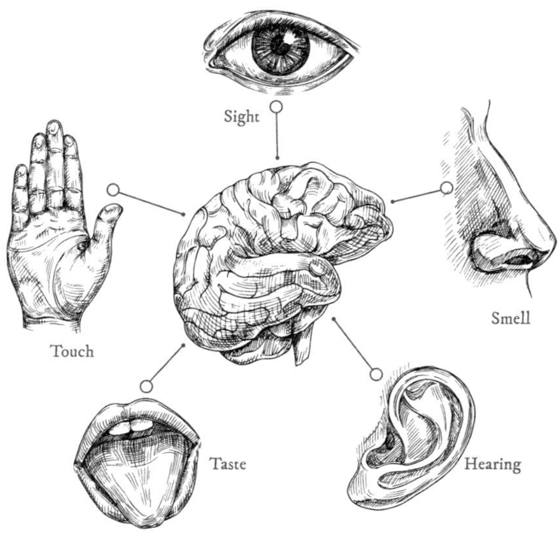

Bild: Zu den menschlichen Sinnen gehören Sehen, Hören, Riechen, Schmecken und Tasten.

Kurzbeschreibung der Persona

Wurde die Zielgruppe als Persona beschrieben, gilt es nun, ihr

> **einen treffenden Namen oder eine kurze prägnante Beschreibung zu geben, der bzw. die sämtliche Informationen zusammenfasst und auf den Punkt bringt.**

Dies ist besonders dann sinnvoll, wenn in einem Immobilienportfolio mehrere Objekte und mehrere Zielgruppen vorhanden sind und schnelle Vergleiche herangezogen werden sollen.

So könnte eine Persona beispielsweise als „junger, urbaner, leistungsorientierter Stil-Avantgardist" bezeichnet werden.

Moodboard zur Visualisierung der Persona

Abschließend lässt sich mit einer entsprechenden Visualisierung in Form eines Moodboards die gesamte Lebenswelt der Persona zur Inspiration grafisch darstellen. Dies ist eine wichtige Grundlage zur weiteren Ausgestaltung der Marke.

Bild: Mit einem Moodboard wird die „Real Estate Buyer Persona“ visualisiert.

04

ANALYSE DER MARKENIDENTITÄT

Wie auch bei Menschen entscheidet die Identität einer Marke darüber, ob sie Rückgrat besitzt.

Bild: Die Forschung zur menschlichen Identität ist der Ausgangspunkt der Identitätsbasierten Markenführung. Wie auch bei Menschen entscheidet die Identität einer Marke darüber, ob sie Rückgrat besitzt.

Das Geheimnis erfolgreicher Immobilienmarken liegt in der Definition eines klaren und konsistenten Markenversprechens, das die Bedürfnisse der Zielgruppe befriedigt. Ohne diese Bedürfnisbefriedigung können Menschen kein Vertrauen zur Marke aufbauen, welches aber eine notwendige Voraussetzung für eine langfristig gelebte Beziehung darstellt (vgl. Fournier, 1998). Ohne Vertrauen bleibt es immer nur eine oberflächliche Interaktion zwischen Immobilienmarke und Mensch.

Die Quelle für die Konzeption des Markenversprechens einer Immobilie ist ihre Identität, deren Begriffsverständnis sich aus der Forschung zur menschlichen Identität ableitet (vgl. Burmann et al., 2018 in Anlehnung an Erikson 1950, Mead 1973, Marcia 1980).

Bei einem Blick in die Literatur zur Psychologie und zur Soziologie fällt jedoch auf, dass es keine einheitliche Definition für den Begriff „Identität" gibt. Vielmehr betrachtet jede einzelne Disziplin den Begriff „Identität" aus ihrer eigenen Perspektive (vgl. Müller, 2011). Trotzdem definieren die unterschiedlichen Ansätze den Begriff der Identität als eine Art menschliches Selbstbild und schreiben einer starken Identität immer etwas Festigendes und Gutes zu.

Menschen mit einer starken Identität bleiben sich selbst treu.

Menschen mit einer starken Identität haben ein bestimmtes Bild von sich. Sie wissen, was sie leisten können, und wissen, was sie vom Leben erwarten. Wie ein Fels in der Brandung halten sie sich auch in schwierigen Situationen an ihre Prinzipien und Werte sowie Versprechen gegenüber anderen Menschen (vgl. Burmann, 2018).

Diese Standhaftigkeit starker Identitäten bemerken andere Menschen und zollen ihnen dafür Respekt. Sie können ihre Handlungen besser einschätzen, sehen sie als authentisch an und entwickeln auf dieser Basis Wertschätzung und Vertrauen (vgl. Beverland et al., 2010).

Die etymologischen Wurzeln des Begriffs „Identität“ geben Hinweise auf die Entstehung der Identität. Sie liegen im lateinischen Wort „idem“, was „dasselbe“ bedeutet. Es geht somit um diejenigen Merkmale des eigenen Bilds, die ein Mensch bei sich selbst langfristig beobachtet sowie spürt und die ihn von anderen Menschen unterscheiden (vgl. Brewer, Hewstone, 2004).
Das Bild für die eigene Identität entsteht also erst durch die Interaktion mit anderen Menschen und einem sozialen Vergleich über einen längeren Zeitraum. Dabei geht es um das Bewusstsein der eigenen Stärken und Schwächen, Werte und Vorlieben, Ängste und Sehnsüchte im Vergleich zu anderen Menschen.

In der Literatur sagt man über diese Marken mit einer starken Identität auch, dass sie Rückgrat beweisen (vgl. Esch, 2016).

Bild: Marken mit einer starken Identität halten sich auch in schwierigen Situationen wie ein Fels in der Brandung an ihre Prinzipien und Werte.

Wie bei Menschen erfahren auch Immobilienmarken, deren Versprechen auf einer starken Identität basieren, Wertschätzung, denn sie stehen zu dem, was sie ausdrücken. Dies macht Immobilienmarken authentisch und vertrauenswürdig, was eine wichtige Voraussetzung für eine langfristige Beziehung ist. Und nur mit einer langfristig positiv gelebten Beziehung wird die Immobilienmarke wertstabilisierend wirken.

Die Identität einer Immobilienmarke kann als ihr Führungskonzept angesehen werden. Sie ist die Quelle der Positionierung und weiterer strategischer Marketingentscheidungen. Dabei lässt sich die Identität einer Immobilienmarke aber nicht einfach beschreiben, denn genauso wie bei Menschen setzt sie sich aus einer Vielzahl von Facetten zusammen, die erfasst und strukturiert werden müssen (vgl. Burmann et al., 2018).

Fokusgruppenworkshop zur Analyse der Identität

Zur Bestandsaufnahme und Analyse der Identität einer Immobilienmarke empfiehlt sich die Durchführung eines Fokusgruppenworkshops mit Aspekten einer Gruppenexploration (vgl. Salcher, 1995). Dabei handelt es sich in diesem Fall um eine leitfadengestützte, moderierte Diskussionsrunde mit zentralen Akteuren des Immobilienprojektes (vgl. dazu auch die allgemeine Literatur zur qualitativen Marktforschung wie beispielsweise von Buber, Holzmüller, 2009).

Teilnehmer eines Fokusgruppenworkshops können beispielsweise der Architekt, der Bauherr, der Marketing- bzw. Vertriebsverantwortliche sowie weitere Experten sein. Entscheidend dabei ist, dass in dem Workshop sowohl Einzelmeinungen der Teilnehmer als auch die Ergebnisse von Gruppendiskussionen erfasst und ausgewertet werden, was eine klare Strukturierung des Workshops voraussetzt.

Für eine erfolgreiche Umsetzung kommt dem Moderator, der sich an den folgenden Markenidentitätskomponenten nach Burmann et al., 2018 zur Gestaltung des Fokusgruppenleitfadens orientieren sollte, hierbei eine Schlüsselrolle zu (vgl. Burmann et al., 2018).

Bild: Namhafte und charismatische Architekten sowie faszinierende Baugeschichten können als Teil der Identität nachhaltig den Mythos einer Immobilienmarke prägen.

„Herkunft" der Immobilienmarke:

Die erste Identitätskomponente, die im Fokusgruppenworkshop analysiert werden sollte, ist die „Herkunft" der Marke. Sie bezieht sich auf die Wurzeln des Immobilienprojekts und bildet das Fundament der Immobilienmarke. Zu ihr gehören alle besonderen Ereignisse in der Vergangenheit der Immobilie, die es zu erfassen und später zu erzählen lohnt, um die Bedürfnisse der Zielgruppe anzusprechen. Sie können sich auf besondere Umstände der Planung und Konzeption der Immobilie beziehen, auf eine besondere historische Architekturgeschichte oder auf einen – wenn vorhanden – besonderen, kreativen Ansatz eines Architekten.

Wichtig ist bei dieser Erfassung der Wurzeln vor allem, dass eine Faszination und ein Mythos rund um die Entstehungsgeschichte kreiert sowie jegliche Banalität sowie Belanglosigkeit vermieden werden.

So können beispielsweise auch anfängliche Schwierigkeiten oder Herausforderungen, die es zu meistern galt, aber auch besondere Zufälle sowie interessante Vorgängerprojekte auf dem Grundstück die Immobilienmarke mit faszinierender Magie versehen (vgl. Lundqvist, 2013).

Bild: Auch die regionale Herkunft kann mit der Sinnlichkeit der Natur ein wichtiger Bestandteil der Identität einer Immobilienmarke sein.

Die Markenherkunft bezieht sich dabei aber nicht nur auf das Objekt selbst, sondern kann sich auch auf regionale Besonderheiten einer Lage, wie beispielsweise einer Weinregion, die mit der Immobilie eng verknüpft sind, beziehen (vgl. Grey, et al., 2020).

Für die Vermarktung vieler Immobilienmarken ist die Herkunft die zentrale Identitätskomponente. So kann beobachtet werden, dass gerade Marken im oberen Preissegment ihre spannenden Baugeschichten inklusive der Inspirationsquellen der Architekten präsentieren.

Aber auch junge Neubau-Immobilienmarken inszenieren ihre spannenden, experimentellen Ursprünge mit mythisch aufgeladenem Storytelling, grenzen sich dadurch von anderen ab und schaffen eine Projektionsfläche für die Sehnsüchte der Konsumenten (vgl. Dayer et al., 2017).

Bild: Die Vision einer Immobilienmarke zeichnet die Zukunftsbilder für eine Zielgruppe in motivierender Weise.

„Vision" der Immobilienmarke:

Bei der Analyse der Identitätskomponente „Vision" sollte im Workshop nicht mehr über die Vergangenheit gesprochen werden, sondern über die Zukunft. Dabei geht es um die Erfassung der mittel- und langfristigen Perspektive der Immobilienmarke (vgl. de Chernatony, 2001). Die Workshopteilnehmer sollten sich die Frage stellen, welche Rolle die Immobilienmarke in der Zukunft spielen wird.

Dabei geht es um die Skizzierung von zukünftigen Wohn- und Lebenswelten und eine Einladung in die Welt der Immobilienmarke. Dabei ist es von besonderer Bedeutung, dass die Zukunftsbilder der Immobilienmarke motivierend und faszinierend für die Zielgruppe erarbeitet werden (vgl. Jones, 2010). Die Vision sollte wie eine Art Wunschtraum wirken.

„Kompetenzen“ der Immobilienmarke:

Die Identitätskomponente „Kompetenzen“ bezieht sich weder auf Vergangenes noch auf Zukünftiges, sondern auf das Hier und Jetzt. Die Teilnehmer des Fokusgruppenworkshops sollten sich nun die Frage stellen, für welche konkreten Fähigkeiten die Immobilienmarke steht, die für den Aufbau von Vertrauen entscheidend sind (vgl. Sichtmann, 2007). Was leistet also die Immobilienmarke?

Diskutiert werden können sämtliche Fähigkeiten, die zu Planung, Konzeption und Bau gehören.

Beispielsweise gehören dazu die Fähigkeit zur Verarbeitung bestimmter Materialen, herausragende Designkompetenzen, die Umsetzung spezifischer Nachhaltigkeitsaspekte oder aber auch ein zuverlässiges Arbeiten im Sinne von Terminpünktlichkeit.

Bild: Wenn die Immobilienmarke „Die Meisterhäuser" ein Mensch wäre, würde sie einem kreativen Handwerker ähnlich sein.

„Werte" der Immobilienmarke:

Bei der Identitätskomponente „Werte" sollten die Workshopteilnehmer alle Prinzipien und Glaubenssätze im Zusammenhang mit der Immobilienmarke erfassen. Diese können sich auf funktionale, emotionale, erlebnisorientierte und symbolische Werte beziehen (vgl. Vo, 2017). Sie sollten als Basis des täglichen Handelns dienen und in ihrer Vielfalt notiert werden. So hat sich beispielsweise in den vergangenen Jahren die Idee der „Slow Architecture" etabliert, bei der es um Bauprojekte geht, die stark durch Nachhaltigkeitswerte geprägt sind.

„Persönlichkeit" der Immobilienmarke:

Um den Auftritt der Marke besser zu analysieren, sollte von den Workshopteilnehmern im nächsten Schritt die Markenpersönlichkeit als wichtige Facette der Identität analysiert werden. Darunter versteht man den verbalen und nonverbalen Kommunikationsstil. Wie tritt die Immobilienmarke auf?

Da Marken immer etwas Abstraktes haben und teilweise schwer zu beschreiben sind, sollte von den Workshopteilnehmern der Kommunikationsstil mit menschlichen Persönlichkeitseigenschaften beschrieben werden. So können Marken „bürgerlich" und „nahbar" sein oder aber „elitär" und „diskret".

> **Dahinter steht die Theorie des Animismus, die besagt, dass Menschen die Vorstellung haben, dass alle Dinge beseelt sind (vgl. Gilmore, 1919).**

Durch die Beschreibung lebloser Artefakte mit menschlichen Persönlichkeitseigenschaften werden sie greifbarer.

Wenn beispielsweise die Persönlichkeit der Immobilienmarke „Die Meisterhäuser" wie ein Mensch mit Kreativität und handwerklicher Exzellenz beschrieben wird, kann sie besser verstanden werden.

Zur Vorbereitung der Analyse dieser Komponente kann auf vorhandene Skalen zurückgegriffen werden. Hierzu existiert in der Literatur eine Vielzahl an unterschiedlichen Persönlichkeitseigenschaften und so könnte eine Immobilienmarke beispielsweise als „bodenständig", „vornehm", „modern" oder „naturverbunden" beschrieben werden (vgl. Aaker, 1997).

Neben der Verwendung vorgefertigter Skalen wäre ein sehr praktikables Vorgehen für einen Fokusgruppenworkshop auch, sich die Immobilienmarke einfach als Menschen vorzustellen und diese im Vergleich zu anderen Menschen zu beschreiben.

> **Wie wäre dieser Mensch? Wie sieht er aus? Wie kommuniziert er? Dabei gilt es, die Marke als Menschen so zu skizzieren, dass sie später auch als Identifikationsplattform oder zur Aufwertung des eigenen Selbstbilds der Zielgruppen dienen kann (vgl. Mälar et al., 2017).**

„Leistungen" der Immobilienmarke:

Der letzte Aspekt, der im Workshop behandelt werden sollte, ist schließlich die Identitätskomponente „Leistungen", worunter die fertige Immobilie in ihrer Gesamtheit inklusive Qualität und Preis zu verstehen ist, deren Ausprägung einen direkten Einfluss auf die spätere Kundenzufriedenheit hat (vgl. Hamenda, 2018). Die Frage, die zu beantworten ist, lautet: Was leistet die Immobilienmarke ganz konkret? Dazu gehören

> das Gebäude mit seinem Architekturstil, seinen Verarbeitungsformen von Oberflächen, seine Ausstattung und Aufteilung, aber auch Lage, Standort und Infrastruktur.

Zusammenfassung Workshop-Ergebnisse:

Nach dem Fokusgruppenworkshop sind sämtliche Ergebnisse zu dokumentieren, damit sie später weiter ausgewertet werden können.

Bild: Unter den Leistungen einer Immobilienmarke wird die fertige Immobilie in ihrer Gesamtheit inklusive Qualität und Preis verstanden, deren Ausprägung einen direkten Einfluss auf die spätere Kundenzufriedenheit hat.

05

FESTLEGUNG DER POSITIONIERUNG

Aus der Identität einer Immobilienmarke leitet sich ihre Positionierung ab, die den Kurs der Marke vorgibt.

Bild: Die Positionierung gibt den Kurs der Immobilienmarke vor und wird aus ihrer Identität abgeleitet.

Nach dem Fokusgruppenworkshop zur Skizzierung sämtlicher Informationen zur Identität einer Immobilienmarke müssen in einem nächsten Schritt alle Daten weiter analysiert werden, um eine klare Positionierung der Marke abzuleiten. Sie ist die Essenz der Marke, die die Richtung vorgibt. Scheitert dieser Analyseschritt, wird eine Immobilienmarke weder ein klares Profil erhalten noch erfolgreich sein. Das Bild der Immobilienmarke wird verwässert und bietet keinerlei Anknüpfungspunkte für eine langfristige Markenbeziehung, unabhängig von einer ansprechenden Gestaltung der späteren werblichen Kommunikation. Die Ausstrahlung der Marke wird immer nur von kurzer Dauer sein (vgl. Janiszewska, Insch, 2012).

Die Positionierung gibt den Kurs der Immobilienmarke vor, an der sich die Ausgestaltung des gesamten Immobilienprojekts und insbesondere die kommunikativen Maßnahmen orientieren müssen.

Auswertung des Fokusgruppenworkshops mittels „Zusammenfassender Inhaltsanalyse“

Die Ableitung der Positionierung stellt eine herausfordernde Aufgabe dar, da sämtliche Gedanken, die im Fokusgruppenworkshop zur Markenidentität geäußert wurden, nach einer Art „rotem Faden“ analysiert werden müssen, der sich durch alle Identitätskomponenten zieht. Vergleichbar mit einer Faktorenanalyse muss eine Hauptkomponente ermittelt werden, die die gesamte Datenstruktur geäußerter Gedanken zur Markenidentität erklärt (vgl. Stewart, 1981).

Eine sehr praktikable und in der qualitativen Marktforschung vielfach angewendete Methode ist die „Zusammenfassende Inhaltsanalyse“ nach Philipp Mayring (vgl. Mayring, 2008). Im Zentrum steht dabei ein sehr systematisches Vorgehen zur Strukturierung und Komprimierung qualitativer Daten, das sich an vorab festgelegten Regeln orientiert, damit es nachvollziehbar bleibt.

Nach dieser Methode erfolgt in einem ersten Schritt eine Paraphrasierung, also eine Umformulierung der im Workshop geäußerten Gedanken zu inhaltsstarken Aussagen. Diese Umformulierung zu einer Vielzahl an Paraphrasen wird im Anschluss daran in mehreren Durchgängen weiter analysiert, um inhaltsähnliche Paraphrasen zu selektieren, zu komprimieren und zu übergeordneten, trennscharfen Paraphrasen zusammenzufassen. Inhaltsgleiche Paraphrasen werden dabei gestrichen. Sich aufeinander beziehende, aber über den Text verstreute Paraphrasen werden zu neuen Aussagen weiter zusammengefasst bzw. generalisiert. In erneuten Durchgängen erfolgt eine weitere Reduktion durch Bündelung, Konstruktion und Integration (vgl. Mayring, 2008; Larcher, 2010).

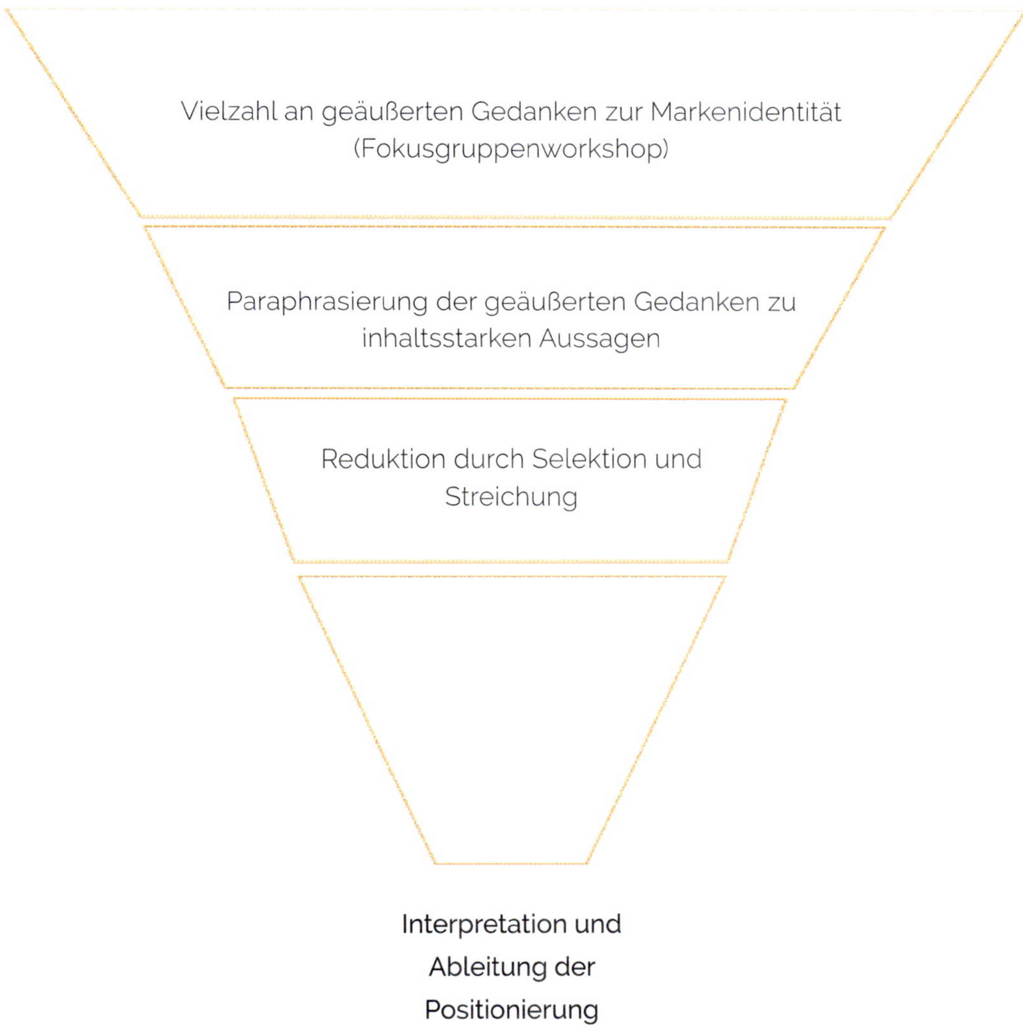

Bild: Mit der „Zusammenfassenden Inhaltsanalyse“ nach Mayring lassen sich die geäußerten Gedanken zur Markenidentität reduzieren und strukturieren, damit eine klare Positionierung abgeleitet werden kann.

Das durch die „Zusammenfassende Inhaltsanalyse" strukturierte Workshopmaterial zur Markenidentität kann schließlich hinsichtlich einer geeigneten Positionierung der Immobilienmarke interpretiert werden. Dabei müssen die folgenden Anforderungen an eine erfolgreiche Positionierung berücksichtigt werden:

Die Positionierung einer Immobilienmarke sollte eine nachhaltige Differenzierungskraft aufweisen, sich also langfristig von der der Konkurrenz unterscheiden.

Die Positionierung einer Immobilienmarke sollte für die Zielgruppe leicht wahrnehmbar und verständlich sein sowie ihre emotionalen Bedürfnisse und Sehnsüchte befriedigen.

Die Positionierung einer Immobilienmarke sollte in Form eines klaren und konsistenten Versprechens formuliert werden.

Bild: Erst wenn Konsistenz besteht, wird die Immobilienmarke als authentisch erscheinen.

Ist die Positionierung der Immobilienmarke klar formuliert, kann sie bei jedem Kontakt mit Nachfragern als Versprechen gelebt werden. Dadurch können die Menschen Vertrauen zur Marke aufbauen, was eine wichtige Voraussetzung einer Beziehung darstellt.

Bei der gelebten Beziehung sind Kontinuität und Konsistenz zentrale Gebote der Immobilienmarke.

Diese Gebote bedeuten, dass sich alle Handlungen und Aussagen der Marke, inklusive der gesamten funktionalen und optischen Eigenschaften der Architektur und Ausstattung, bei jedem Kontakt mit der Zielgruppe und zu jedem Zeitpunkt an der Positionierung orientieren müssen und ihr nicht widersprechen dürfen.

Hinter der Forderung nach Kontinuität und Konsistenz stecken Erkenntnisse aus der Lernpsychologie, wonach Menschen nur durch Wiederholung gleicher, widerspruchsfreier Handlungen und Botschaften lernen (vgl. Zimbardo, 2008).

Kontinuität der Markenführung darf aber nicht als Stillstand und Inflexibilität verstanden werden, sondern vielmehr als Beständigkeit und Stabilität. Die Markenführung muss trotz der wichtigen Forderung der Lernpsychologie auch auf veränderte Bedürfnisse der Menschen eingehen und Trends erfassen. Ansonsten würde eine Marke veraltet wirken und auf Dauer nicht mehr relevant für die Zielgruppe sein. Sanfte Anpassungen durch veränderte Rahmenbedingungen der Marke vorzunehmen, ist also essenziell, um die Marke lebendig zu halten. Diese Anpassungen dürfen aber im Kern nie der eigentlichen Positionierung widersprechen. So sollte zum Beispiel in einem Gebäude mit einem traditionellen Landhausstil eine Innenarchitektur konzipiert werden, die sich dem Baustil des Hauses anpasst.

Es geht also darum, die Identität einer Immobilienmarke mit ihrer klaren Positionierung zu erfassen und im Sinne einer Evolution weiterzuentwickeln.

Erfolgsentscheidend in der Praxis ist dabei die Forderung, dass eine Positionierung klar und prägnant formuliert werden soll.

Benötigt beispielsweise ein Bauunternehmer jedoch unverhältnismäßig viel Zeit, um die Markenpositionierung seines Immobilienprojektes zu erläutern, ist diese Forderung nicht erfüllt. Vielmehr handelt es sich dann um eine Art der „Unterpositionierung", was heißt, dass die Immobilienmarke nicht spitz genug positioniert und in den Augen der Zielgruppe austauschbar ist, was eine Preisdiskussion zur Folge haben könnte (vgl. Kotler et al., 2010).

Bild: Inkonsistenz bei Immobilienmarken äußert sich auch im Stilbruch der Architektur.

06

ARCHITECTURAL STORYTELLING

Erst durch eine Geschichte wird die Verbindung zwischen der Immobilie und der Zielgruppe hergestellt.

Bild: Marcus Vitruv Roman - Architekt

Architektur mit Worten zu beschreiben, um sie den Menschen zugänglich zu machen und ihre Prinzipien zu verstehen, hat eine sehr lange Tradition und geht bis in die Antike zu den Schriften von Vitruv zurück, für den die perfekte Architektur „dauerhaft, zweckmäßig und schön" war. Wurde im frühen Mittelalter diese Idee verworfen und das Verständnis für ein Bauwerk im Werk verschlüsselt und war damit einem kleinen privilegierten Kreis vorbehalten, so wurde der Gedanke in der Renaissance wieder aufgegriffen. Dabei wurde über die Jahre hinweg auch die Rolle eines Architekten neu interpretiert und am Hofe mit der eines Künstlers gleichgesetzt, der es verstand, auf die Ruhmsucht eines Fürsten einzugehen und Architektur als Prestigesymbol zu inszenieren. Dem Fürsten als Auftraggeber und Geldgeber wurde dabei die Rolle des „Vaters" eines Projekts zugeschrieben und dem Architekten die Rolle der „Mutter", die das Projekt austrägt und zur Welt bringt (vgl. Evers, Thoenes, 2019).

Mit der Erfindung des Buchdrucks konnten Schriften über Architektur einer breiteren Schicht zugänglich gemacht werden und es erfolgte eine Demokratisierung der Kommunikationsprozesse. Ziel dieser Schriften über Architektur war es, architektonische Sachverhalte sprachlich zu artikulieren, um sie verständlich zu machen. Dabei stand die Kommunikationsebene zwischen Architekten, Bauherren und Publikum im Zentrum.

> **Mit dem heutigen „Architectural Storytelling" soll in Form einer sinnstiftenden Erzählung, eines Narrativs, eine Kommunikationsebene zwischen einer Immobilienmarke und ihrem Rezipienten aufgebaut werden.**

Ausgehend von einer klaren Positionierung macht eine Geschichte die Marke greifbar und erlebbar, deren kreativer Handlungsspielraum ihre Identität sein muss, damit sie authentisch wirkt (vgl. Adaval, Wyer, 1998).

Die Gründe für Storytelling im Sinne einer identitätsbasierten Markenführung sind vielfältig und konnten empirisch nachgewiesen werden (vgl. Aaker D, Aaker J. L., 2016) .

Im Kontext der Immobilienmarkenführung ist Ausgangspunkt der Überlegungen, dass

> **Architektur und Marke immer etwas Abstraktes sind, was einem Nichtfachpublikum zugänglich gemacht werden muss.**

Durch eine bildhafte, assoziative, sinnstiftende Sprache im Sinne einer effektiven Architekturvermittlung wird sie einfacher wahrgenommen und erlebbar, denn aus der tagtäglichen Bilderflut resultiert eine latente Überforderung und die Wahrnehmung erfolgt zunehmend selektiv (vgl. Sax, 2006).

Bild: Architektur und Marke sind immer etwas Abstraktes, was einem Nichtfachpublikum zugänglich gemacht werden muss.

Insbesondere beim Kauf einer Immobilie sind es

die emotionalen Sehnsüchte und Bedürfnisse der Menschen,

deren Beantwortung und Befriedigung in Geschichten zu finden sind, denn erst sie bringen Gebäude und Räume zum Sprechen.

Geschichten sind die Antwort auf Bedürfnisse der „sozialen Identität“ und der „privaten Identität“, da sich Immobilien in einem Spannungsfeld zwischen Intimität und Repräsentation befinden. Geschichten beziehen sich auf diese beiden Pole (vgl. Beeck, 2003).

Sehnsüchte und Fantasien werden durch Narrative im Raum als kollektive Erlebnismuster inszeniert. Dies sorgt dafür, dass sich Menschen durch ihre atmosphärische Wirkung wohlfühlen und bestätigt oder erhöht werden.

Bild: Die richtige Geschichte nimmt die Menschen auf eine Reise in ihr persönliches Sehnsuchtsland mit.

Die richtige Geschichte knüpft gezielt an vorhandene mentale Bilder der Zielgruppe an und fasst soziale Milieus zu Erlebnisgemeinschaften zusammen.

Durch ihre assoziativen Verknüpfungen mit bereits vorhandenen Sehnsüchten und Erlebnissen werden Geschichten leichter abgespeichert und erinnert. Sie nehmen Menschen mit auf eine Reise in ihr persönliches Sehnsuchtsland und zeigen ihnen eine mögliche zukünftige Lebenswelt auf.

Dabei existieren unzählige Möglichkeiten der Darstellung von Geschichten und ihrer Erzählstrukturen (vgl. Busselle, Bilandzic, 2008). Sie können je nach Zielgruppe bildhaft oder abstrakt, offen oder geschlossen, sequenziert oder fragmentiert sein bis hin zu rein atmosphärischen Darstellungen (vgl. Beeck, 2003).

Auch eine stärkere Aktivierung kann durch die richtige Geschichte ausgelöst werden, die zu Begeisterung führt und Kaufmotive impulsiv beeinflusst.

Schließlich schafft die richtige Geschichte eine Aura einer langfristigen, emotionalen Verbindung zwischen der Immobilienmarke und ihrer Zielgruppe (vgl. Escalas, 2004).

Eine Geschichte bildet die Ebene, auf der ein Mensch mit einer Marke verschmelzen kann, denn es ist der menschliche Wunsch nach Selbstkongruenz, der in diesem Motiv resultiert (vgl. Mälar et al., 2017).

Es ist dieser Wunsch nach Harmonie und Vermeidung kognitiver Dissonanz, worunter ein Störgefühl zu verstehen ist, welches entsteht, wenn Menschen das Gefühl eines inneren Widerspruchs verspüren, der den Menschen antreibt (vgl. Festinger, 2012).

Die Konzeption des Architectural Storytelling fängt mit der Positionierung der Immobilienmarke an. Sie steht im Zentrum und die einzelnen Facetten der Identität lassen sich als Bestandteile der Geschichte um sie herum anordnen. Auf dieser Basis lässt sich ein Narrativ entwickeln, das frei von Widersprüchen und voller Konsistenz ist.

Bild: Erst wenn Konsistenz besteht, wird die Immobilienmarke als authentisch erscheinen.

Dabei bezieht sich Konsistenz auf eine Umsetzung an allen Kontaktpunkten der Immobilienmarke, den sogenannten Customer Touch Points, wie beispielsweise Ausstellungen, Pressemitteilungen, Gestaltung von Homepage und Print-Exposés, Social-Media-Kampagnen etc., aber auch bei der Kommunikation der Menschen im persönlichen Verkauf. Erst wenn Konsistenz besteht, wird die Immobilienmarke als authentisch erscheinen und – wie auch bei menschlichen Beziehungen – nur so Vertrauen und damit Verbindung aufbauen.

In der Theorie klingen diese Aspekte so selbstverständlich und einfach, aber wirft man einen Blick in die Praxis des Immobilienmarketings, so fällt auf, dass vielen Immobilienprojekten ein einzigartiges, identitätsbasiertes Architectural Storytelling fehlt.

07

DIE NAMENSFINDUNG

Erst mit dem richtigen Namen wird eine Immobilienmarke lebendig.

In der Literatur zur Markenführung werden Herausforderungen der Namensfindung bereits seit Jahrzehnten engagiert diskutiert (z. B. Kohli, LaBahn, 1997), spielen sie doch eine besondere Rolle für Anziehungskraft, Identifikation und Beziehungsaufbau zwischen Marke und Zielgruppe. Insbesondere bei Immobilienmarken sollte die Wirkung eines Namens nicht unterschätzt werden, denn erst mit ihm wird die Marke lebendig und wertvoll.

Mit dem richtigen Namen können bei Interessenten einer Immobilie bereits innerhalb eines Bruchteils einer Sekunde Assoziationen hervorgerufen werden,

die die Positionierung der Immobilienmarke in ihren Köpfen verankert. Diese Assoziationen können Sehnsüchte über zukünftiges Wohnen, Erinnerungen oder sonstige abgespeicherte Bilder und Erlebnisse sein.

In Bezug auf die Sehnsüchte der Menschen empfiehlt es sich, auf die folgenden Besonderheiten zu achten.

Besonderheiten der Namensgebung für rein funktional-sachliche Sehnsüchte

Namen zur Befriedigung rein funktionaler Bedürfnisse sind häufig

> **deskriptiver Natur und beziehen sich auf Wohnen als eine Art Grundbedürfnis.**

Mit anderen Worten beschreiben sie meist einen konkreten Produktnutzen und sind Studien zufolge dann leicht erinnerbar, wenn sie von Bedeutung für die Zielgruppe sind (vgl. Keller et al., 1998).

Der Name „Isar Terrassen München" (Krämmel Bau) für Wohnungen mit großen Terrassen in der Nähe des Flusses Isar in München spricht diese funktional-sachlichen Sehnsüchte an und signalisiert der Zielgruppe Sicherheit durch konventionellen Pragmatismus. Namen wie „Familienglück" oder „Gartenfreund-Traum" signalisieren der bürgerlichen Mitte ebenso Sicherheit, Geborgenheit, Schutz und Harmonie.

Bild: Namen zur Bedürfnisbefriedigung des sozialen Ichs vermitteln Prestige und rufen entsprechende Assoziationen hervor.

Besonderheiten der Namensgebung für die Sehnsüchte des sozialen Ichs

Namen zur Bedürfnisbefriedigung des sozialen Ichs vermitteln Prestige und rufen entsprechende Assoziationen hervor (vgl. Bushmann, 1993). Beispielsweise wird mit dem Namen „Skyline Plaza" (ECE) das gehobene Segment assoziiert, womit eine Aufwertungsstrategie verfolgt wird. Ebenso signalisiert das Wohnprojekt „Park Avenue" (Seil & Co.) Luxus und Erfolg.

Dabei ist insbesondere bei diesen statusorientierten Namen auf Glaubwürdigkeit und Einzigartigkeit zu achten.

Wenn Objekte als „Palais" oder als „Plaza" bezeichnet werden, sollten Bauweise, Ausstattung und Preissegment auch an solche erinnern. Bei Gebäuden, bei denen an Material und Komfort gespart wurde, ist die Bezeichnung „Bauhaus-Villa" eher schädlich. Insbesondere der Zusatz „Villa" löst bestimmte Assoziationen aus und wirkt in diesem Zusammenhang unseriös.

Bei Namen zur Befriedigung der sozialen Identität können durch eine bewusste Verwendung von bestimmten Sprachen Länderimages auf die Immobilienmarke übertragen werden.

Ein amerikanischer Kontext verspricht beispielsweise eine zeitgemäße und fortschrittliche Ausstattung.

So signalisiert ein „Grand Tower" (gsp) in Frankfurt einer urbanen und erfolgsorientierten Zielgruppe Großartigkeit, Dynamik und Aufstieg. Manche erinnert es vielleicht sogar an den „Trump Tower". Die deutsche Übersetzung „großer Turm" hätte einen anderen Charakter und würde womöglich weniger den Charakter dieses modernen, höchsten Wohnhauses Europas ausdrücken und eine andere Zielgruppe ansprechen. Letztendlich betont eine amerikanische Namensgebung einen gehobenen, modernen Standard. Problematisch bei dieser Namensgebung „Grand Tower" ist allerdings die fehlende Einzigartigkeit mit Bezug zur individuellen Identität, die sie vor allem vor Nachahmung und Verwässerung schützt.

Bild: Namen für die Bedürfnisse der privaten Identität sprechen eine intrinsisch-symbolische Sprache.

Besonderheiten der Namensgebung für die Sehnsüchte der privaten Identität

Namen für die Bedürfnisse des privaten Ichs sprechen eine intrinsisch-symbolische Sprache. Sie dienen nicht der Anerkennung durch andere, sondern beziehen sich eher auf eine Art der Selbstanerkennung, Selbstbestätigung und Selbstverwirklichung – Wohnen als Entfaltung und als Erholung.

> Vielfach versuchen sie, ein inneres, sinnliches Erlebnis zu stimulieren und durch ihre Ausstrahlung das Ambiente der Immobilie wiederzugeben. Hierbei geht es auch immer um Stilsicherheit.

In diesem Zusammenhang kommen Studien zu der Erkenntnis, dass Klang und Phonetik erfolgsentscheidend sein können, wobei dies vielfach subjektiv erlebt wird und entsprechend abgefragt werden sollte (vgl. Lowrey, 2007).

Bild: Mit dem richtigen Namen werden positionierungsrelevante Assoziationen hervorgerufen.

Eine klare sachliche Architektur kann so zum Beispiel durch einen minimalistischen Namen ausgedrückt werden. Auch Abkürzungen oder Namen-Zahl-Kombinationen wie „Doc-12" können geeignet sein. Sie stehen für Modernität und Sachlichkeit. Wichtig ist dabei immer, dass sie zum ästhetischen Stil der Immobilie und zur Zielgruppe passen.

Auch berühmte Menschen wie Gründer, Architekten und Philosophen können direkt im Namen vorkommen, wenn ein Zusammenhang zur Immobilie besteht.

Ein Beispiel ist hierbei der Markenname „Tassilo's Yard", der von Vera Barnert (Autorin dieses Buchs) und ihrer Agentur BE EXTRAORDINARY konzipiert wurde. Er beinhaltet den Namen des Herzogs Tassilo III., welcher unweigerlich mit der Gründungsgeschichte der Gemeinde Pullachs verankert ist, in der das Villenprojekt angesiedelt ist. Mit der Hinzunahme des Wortes „Yard" erlangt der Markenname eine ausdrucksstarke Bedeutung. „Yard" steht u. a. für einen Hof oder einen Garten und reflektiert dabei die imposante Bauweise des Projekts mit einer guten Portion Noblesse und Eleganz. In Kombination mit dem Namen des Herzogs erreichte die Agentur eine wohlklingende Phonetik und bleibt dank bekannter (Tassilo) und eher unbekannter Sprache (Yard) denkwürdig im Gedächtnis der Zielgruppe.

Das Finden eines geeigneten Namens für eine Immobilienmarke ist ein sehr kreativer und recht anspruchsvoller Prozess, denn es gilt, sowohl inhaltlich-strategische als auch effektbasiert-operative Anforderungen zu beachten.

Inhaltlich-strategische Anforderungen an Namen

Zu den inhaltlich-strategischen Aspekten gehören alle Anforderungen, die mit der Aussagekraft des Markennamens in Verbindung stehen. Ziel ist es, dass die Marke ein inhaltlich-konsistentes Konstrukt wird, bei dem der Name eine besondere Rolle spielt.

- Der Markenname reflektiert Positionierung und Architectural Storytelling.
- Der Markenname korrespondiert mit den emotionalen Bedürfnissen der Zielgruppe.
- Der Markenname reflektiert den Baustil der Immobilie und die Architektur.

Bild: Das Finden eines geeigneten Namens für eine Immobilienmarke ist ein sehr kreativer und recht anspruchsvoller Prozess.

Effektbasiert-operative Anforderungen an Namen

Zu den effektbasiert-operativen Aspekten gehören alle Anforderungen, die mit den Herausforderungen des Information Overload in Beziehung stehen. Ziel ist es, dass durch den richtigen Namen die Marke aus einer Fülle von täglichen Kommunikationsbotschaften heraussticht und wahrgenommen wird.

- Der Markenname ist einzigartig und es besteht keine Verwechslungsgefahr.
- Der Markenname erregt die Aufmerksamkeit der Zielgruppe.
- Der Markenname ist leicht zu merken.
- Der Markenname ist schutzfähig.

Prozess der Namensfindung

Zum erfolgreichen Ablauf der Namensfindungsphase empfiehlt sich ein strukturiertes Vorgehen, das im Wesentlichen die folgenden Aspekte umfassen sollte:

Identitätsbasiertes Brainstorming von Namen

Den Start stellt eine Sammlung bzw. ein freies Brainstorming verschiedener Namen in Anlehnung an die Identität der Immobilienmarke und ihr Architectural Storytelling dar, denn hier liegen die entscheidenden Inspirationsquellen. Besonders wichtig ist, dass noch keinerlei Wertung vorgenommen wird.

Ziel ist es, möglichst viele Namensideen in Anlehnung an die Identität der Immobilienmarke zu erfassen.

Bild: Bei der Sammlung bzw. einem freien Brainstorming verschiedener Namen kommt es noch nicht auf eine Bewertung an.

Bestimmung von Favoriten

Im nächsten Schritt sollten aus den zuvor gesammelten Begriffen ca. zehn Favoriten ausgewählt werden, die in Bezug auf die inhaltlich-strategischen und die effektbasiert-operativen Anforderungen weiter diskutiert, bewertet und priorisiert werden sollten. Auf dieser Basis kann dann ein Ranking der Namen erstellt werden.

Test der inhaltlich-strategischen Anforderungen

Um Assoziationen, die ein Name hervorruft, genauer zu testen, kann in Anlehnung an die Theorie des Animismus (vgl. Gilmore, 1919) die „Marke als Mensch" abgefragt werden. Probanden werden dazu die favorisierten Markennamen vorgelegt und gebeten, menschliche Persönlichkeitseigenschaften zu beschreiben, die ihnen dazu spontan in den Sinn kommen (vgl. Aaker, 1997).

> Daneben bietet es sich auch an, ganz gezielt danach zu fragen, welchen Baustil bzw. welche Architektur, welche Lage und welches Preissegment sie mit dem Namen assoziieren.

Würden sich die Antworten mit dem Projekt decken, wäre es ein Hinweis für eines stimmiges Namenskonzept.

Ein schönes Beispiel für das bewusste Übertragen von Persönlichkeitsmerkmalen auf einen Markennamen ist das Münchner High-End-Villa-Projekt „Live like Ferdinand" unweit des Nymphenburger Schlosskanals, das von Vera Barnert (Autorin dieses Buchs) und ihrer Agentur BE EXTRAORDINARY konzipiert wurde. Ansatzpunkt der Namensgebung war die historische Bedeutung des Kurfürsten Ferdinand Maria. Er ist Namensgeber der Straße, in der das Projekt angesiedelt ist, und mit seinem damaligen Lebensstil ein Sinnbild für Genuss, Kultur und Kosmopolitismus. Der Name „Live like Ferdinand" – mit dem Claim „Unplugged Living" – soll die geistige Haltung und den Lebensstil des einstigen Kurfürsten widerspiegeln. Dabei reflektiert der Name einerseits den edlen Baustil der Immobilie und knüpft andererseits an die besondere Lage an, denn Kurfürst Ferdinand ließ das Nymphenburger Schloss in München errichten. In kaum einer anderen deutschen Stadt wird das Verständnis von Prestige, Luxus und Wertbeständigkeit so offen gelebt.

Bild: Der Name „Live like Ferdinand" – mit dem Claim „Unplugged Living" – soll die geistige Haltung und den Lebensstil des einstigen Kurfürsten widerspiegeln.

Test der effektbasiert-operativen Anforderungen

Bei der Überprüfung der effektbasiert-operativen Anforderungen ist mit besonderer Sorgfalt ein Test auf Einzigartigkeit und mögliche Verwechslungsgefahr durchzuführen, denn die Praxis zeigt leider, dass viele Immobiliennamen austauschbar sind. So werden teilweise Objekte im oberen Preissegment als „Palais", „Park" oder „Residenz" bezeichnet, was einen nachhaltigen Markenwert keineswegs stärkt. Gerade im Anfangsstadium der Namensfindung kann mit einem einfachen Google-Test recherchiert werden, ob der Name bereits existiert. Im weiteren Verlauf der Namensfindung kann dann auch mit verschiedenen Online-Recherche-Tools, wie beispielsweise dem Tool des Deutschen Patent- und Markenamts, die Einzigartigkeit und Schutzfähigkeit überprüft werden.

Die Wahrnehmung spielt ebenfalls eine zentrale Rolle. In der Literatur zur Markenführung gibt es hierzu verschiedene Testverfahren, die beispielsweise darauf abzielen, Aktivierung und Emotion zu testen, die der Name auslöst (vgl. Bagozzi et al., 1999). Ohne die Unterstützung eines professionellen Marktforschungsinstituts, das mit apparativen Methoden wie Blickverlaufsmessung via Eyetracking oder Hautwiderstandsmessungen die Wirkung messen kann, empfehlen sich in der Praxis einfache Maßnahmen der Befragung. So gibt es beispielsweise die Möglichkeit, den sogenannten „Recall", also die spontane Erinnerung des Markennamens, abzufragen.

> **Die Idee dahinter ist es, abzuschätzen, ob ein Markenname in einer Welt des Information Overload wahrnehmbar und einprägsam ist.**

Dafür werden Versuchspersonen Anzeigenmotive zur Immobilie mit verschiedenen Namen gezeigt oder alternativ auch genannt. Nach einiger Zeit werden sie dann gefragt, an welche Namen sie sich noch erinnern können und welche Emotionen diese bei ihnen ausgelöst haben (vgl. Woelke, 2000).

08

ARCHITEKTUR-VISUALISIERUNGEN

Mit der richtigen Visualisierung wird die Marke zum Erlebnis.

Die Bedeutung der visuellen Darstellung für eine erfolgreiche Markenführung wird seit Jahrzehnten in der Fachliteratur diskutiert (vgl. Balmer, 2015).

In diesem Zusammenhang kommen zahlreiche Studien zu dem Ergebnis, dass Bildkommunikation nicht nur beliebter ist, sondern vor allem auch schneller und intensiver wirkt als eine reine Textkommunikation, was der Erfolg von sozialen Medien wie Instagram bestätigt (vgl. Neher, 2013).

Insbesondere bei der Vermarktung von Immobilienprojekten kommt es auf

eine überzeugende Visualisierung an, die die Menschen verzaubert und ein einzigartiges Erlebnis schafft, das aus Elementen der wirklichen Welt und Fantasie auf Basis der Vorstellungskraft der Zielgruppe zu gestalten ist.

Damit wird die Architekturvisualisierung mit ihren Farben, Formen, Schriften und Zeichen zu einem essenziellen Bestandteil der Welt einer Immobilienmarke (vgl. Schroeder, 2005).

Bild: Bei der Vermarktung von Immobilienprojekten kommt es auf eine überzeugende Visualisierung an, die ein einzigartiges Erlebnis aus Elementen der wirklichen Welt und Fantasie schafft. (Beispiel: BE EXTRAORDINARY)

Ganz konkret werden bei der Visualisierung zweidimensionale, technische Zeichnungen inklusive Grundrissen und Skizzen in eine dreidimensionale Darstellung der Architektur mit sogenannten CAD-Programmen („computer-aided design") übertragen (vgl. Störzbach, 2013). Dabei liegt die besondere Herausforderung einer gelungenen Visualisierung inklusive Interieur darin, an mentale Vorstellungsbilder anzuknüpfen und ein Markenerlebnis zu inszenieren, dabei aber

niemals kulissenmäßig oder unrealistisch zu wirken, da sich die Zielgruppe sonst nicht darin wiederfindet (vgl. Schneider-Rading, 2018).

Die Gestaltungsmöglichkeiten der Visualisierung sind dabei vielfältig und reichen von künstlerisch-abstrakt, beschreibend-stilisiert bis hin zu fotorealistisch-konkret.

Für eine zielgruppenorientierte Gestaltung der Architekturvisualisierung empfiehlt sich ein strukturierter Ablauf:

Moodboard zur Lebenswelt der Zielgruppe

Ausgangspunkt der Planung sind Positionierung und Architectural Storytelling der Immobilienmarke, die die Bedürfnisse der Zielgruppe reflektieren. Diese werden mit ersten Ideen in ein Moodboard übertragen, was einen ganzheitlichen Blick auf den Gestaltungsspielraum erlaubt und als visuelle Grundlage für die weitere Gestaltung dient. Das Moodboard kann Bilder zur Wohnwelt, Skizzen, aussagekräftige Schlagwörter und erste Vorschläge für Farbwelten enthalten.

Farbkonzept als gestalterischer Rahmen

In einem nächsten Schritt wird die Farbwelt konkretisiert und in Einklang mit Architektur und Umgebung gebracht. Erst wenn sich diese Komponenten zu einem harmonischen Gesamtbild fügen, entsteht die Basis für ein stimmiges Konzept.

Die Analyse eines stimmigen Farbkonzeptes ist eine wichtige Voraussetzung für eine zielgruppenorientierte Visualisierung. In diesem Zusammenhang müssen Farben immer in Abhängigkeit vom Kontext beurteilt werden, da dieser einen Einfluss auf ihre Wirkung hat. Ganz grundsätzlich gilt allerdings, dass harmonische und weniger grelle Farben eher für das obere Preissegment stehen.

Bild: Bei der Vermarktung von Immobilienprojekten kommt es auf eine überzeugende Visualisierung an, die ein einzigartiges Erlebnis aus Elementen der wirklichen Welt und Fantasie schafft. (Beispiel: BE EXTRAORDINARY)

Sammlung erster Skizzen mit Gestaltungsideen

Im nächsten Schritt können erste Skizzen zur Architekturvisualisierung erstellt werden. Diese sollten immer wieder mit den Bedürfnissen der Zielgruppe und der Positionierung sowie dem Storytelling abgeglichen werden. Erst wenn der Markenkern in den Skizzen ausreichend widergespiegelt wird, können Renderings angefertigt werden.

Überprüfung der Konsistenz an allen Kundenkontaktpunkten

Über sämtliche Kommunikationsinstrumente hinweg muss im Folgenden ein einheitlicher Auftritt sichergestellt werden, egal ob auf der Homepage, in den sozialen Medien oder in Broschüren, Anzeigen oder im klassischen Makler Exposé (vgl. Megehee, Woodside, 2010). Ein solch konsistenter Auftritt kann dabei als ein klar strukturiertes, einheitliches Selbstverständnis einer Marke gesehen werden.
Im Prinzip geht es darum, dass die durch verbales und nonverbales Verhalten gesendeten Signale mit der Positionierung und dem Architectural Storytelling deckungsgleich sind. So wird bei den verschiedenen Adressatenkreisen wie Kunden, Öffentlichkeit, Presse, Kapitalgebern, Lieferanten, potenziellen Arbeitnehmern etc. der Aufbau eines Images ermöglicht.

Bild: Bei den Renderings „THE WENDELIN", BE EXTRAORDINARY werden die ästhetischen Sehnsüchte der Zielgruppe angesprochen.

Bild: An allen Brand Touchpoints ist auf ein konsistentes Markenerlebnis zu achten.

In den letzten Jahren haben bei der Kommunikation vor allem auch Social Media an Bedeutung gewonnen (vgl. u. a. Godeya et al., 2012). Sie bieten Immobilienmarken bei der Kommunikation viele Vorteile, weil sie helfen, insbesondere kleinere Projekte mit nur geringen Budgets bekannt zu machen. Social Media unterstützen aber auch etablierte oder größere Immobilienprojekte dabei, ihren Prestigewert zu signalisieren. Gerade eine hohe Anzahl an Followern signalisiert die Beliebtheit der Marke.

09

DAS ÜBERZEUGENDE LOGO

Ein erfolgreiches Logo wirkt wie ein visueller Blitz.

Bei der Vermarktung einer Immobilienmarke ist neben den zentralen Renderings das Logo einer der ersten Reize, der von der Zielgruppe wahrgenommen und mental verarbeitet wird. Im optimalen Fall komprimiert es dabei das, wofür das Immobilienmarkenversprechen steht, in einem Bild oder einer Schrift. Dabei können erfolgreiche Immobilienlogos mit einer Art Merkhilfe, einem sogenannten mnemotechnischen Reiz, verglichen werden (vgl. Esch, Langner, 2005).

Logos schlagen wie ein visueller Blitz ins Gedächtnis ein und transportieren dabei den Markennamen und die sonstigen mit der Marke assoziierten Inhalte, wie Architektur, Ausstattung und Preisniveau, ins Bewusstsein der Nachfrager.

Konditionierung eines Immobilienlogos

Genauso wie bei Markennamen müssen Logos gelernt werden, um langfristig ihre Wirkung zu entfalten. Mithilfe von Konditionierung mittels eines Reiz-Reaktions-Musters lässt sich dies erzielen. In diesem Zusammenhang versteht man unter Konditionierung einen Lernvorgang, der eine emotionale Reaktion auf einen bislang neutral empfundenen Reiz hervorruft (vgl. Bredenkamp, Wippich, 1977). Dabei stellt ganz zu Beginn das noch unbekannte Logo einen neutralen Reiz dar. Da es aber wiederholt mit einem emotionalen Reiz – zum Beispiel einer herausragenden Architekturvisualisierung – gekoppelt wird, ruft der vormals neutrale Reiz nun die beabsichtigte emotionale Reaktion hervor. Ein häufiger Kontakt mit dem Logo lässt mit der Zeit auch seine Sympathiewerte steigen (vgl. Janiszewski, 2001).

Dabei gibt es verschiedene Herausforderungen, die bei der Kreation eines Logos zu beachten sind:

Bild: Wenn ein Logo wiederholt mit einem emotionalen Reiz – zum Beispiel einer herausragenden Architekturvisualisierung – gekoppelt wird, ruft der vormals neutrale Reiz nach einiger Zeit die beabsichtigte emotionale Reaktion hervor.

Allgemeine grafische Anforderungen an Logos

Die erste Herausforderung bezieht sich auf die konkrete grafische Gestaltung, damit das Logo langfristig einsetzbar ist. Dabei lautet die Maßgabe, dass sich ein Logo von konkurrierenden Projekten abgrenzt und einprägsam zu gestalten ist (vgl. Wiedemann, 2015). Insbesondere mit einer prägnanten und sich vom visuellen Hintergrund abgrenzenden Gestaltung kann dies erreicht werden. Ziel ist es dabei, dass ein Logo in der immensen Bilder- und Textflut, die tagtäglich auf Menschen einströmt, trotzdem perzipiert wird, denn Menschen nehmen kommunikative Botschaften und Symbole nur noch selektiv wahr (vgl. Petersen et al., 2017).

Einfach strukturierte Logos haben es in diesem Zusammenhang leichter und so kann beobachtet werden, dass in den vergangenen Jahren viele Logos bekannter Markenunternehmen simplifiziert wurden. Hintergrund ist, dass eine zu komplexe Gestaltung dazu führen kann, dass Logos kurzfristig nicht intensiv genug wahrgenommen und abgespeichert werden können (vgl. Grinsven, Das, 2016). Im Zuge dieser Anpassungen wurden viele bekannte Markenlogos nicht mehr so filigran und eher einfach strukturiert sowie symmetrischer dargestellt.

Bild: Viele erfolgreiche Logos wurden im Zuge von Anpassungen nicht mehr so filigran und eher einfach strukturiert sowie symmetrischer dargestellt.

Lorem ipsum dolor sit amet, consetetur sadipscing elitr, sed diam nonumy eirmod tempor invi dunt ut labore et dolore magna ali quyam erat, sed diam voluptua. SIR RUMFORD EINZIG IN SEINER ART At vero eos et accusam et justo duo dolores et ea rebum. Stet clita kasd gubergren, no sea takimata sanctus est Lorem ipsum dolor sit amet.

SIR RUMFORD EINZIG IN SEINER ART Lorem ipsum dolor sit amet, consetetur sadipscing elitr, sed diam nonumy eirmod tempor invidunt ut labore et dolore magna aliquyam erat, sed diam voluptua. At vero eos et accusam et justo duo dolores et ea rebum. Stet clita kasd gubergren, no sea takimata sanctus est Lorem ipsum dolor sit amet.

Bild: Freistehende Logos erzielen eine bessere Wirkung.

Damit ein Logo seine volle Wirkung entfalten kann, empfiehlt es sich, bei der Anwendung ein Logo stets frei zu platzieren.

Zudem gilt es zu beachten, dass das Logo sowohl auf unterschiedlichen Materialien als auch in unterschiedlichen Größen anwendbar ist. So sollte es auf Papier, in der digitalen Kommunikation über soziale Medien oder auf der Homepage einsetzbar sein. Es muss auf kleinen Formaten, möglicherweise auf einer Visitenkarte, oder auch auf großen Plakaten die Zielgruppe ansprechen und aktivieren.

In diesem Zusammenhang hat sich herausgestellt, dass symmetrisch gestaltete Logos grundsätzlich harmonischer wirken und einfacher vom Gehirn verarbeitet werden können. Auch eine natürliche Ausstrahlung eines Logos hat einen positiven Effekt auf die Wahrnehmung der Marke (vgl. Henderson, Cote, 1998).

In der Immobilienwirtschaft kann beobachtet werden, dass in Bezug auf Logos noch nicht das volle Potenzial ausgeschöpft wird. So verwenden beispielsweise viele Dienstleistungsmarken ein Dach oder eine angedeutete Villa im Logo, was selbstverständlich zu keiner nachhaltigen Differenzierungskraft der Immobilienmarke führen kann.

SIR RUMFORD
EINZIG IN SEINER ART

SIR RUMFORD
EINZIG IN SEINER ART

Bild: Bildliche Logos sind den reinen Schriftlogos in Bezug auf die Erinnerungsleistung überlegen.

Logoarten und ihre Wirkungen

Ganz grundsätzlich kann bei Logos zwischen verschiedenen Arten unterschieden werden – den Schriftlogos, den Bildlogos und den Kombinationen aus Bild bzw. Symbol und Schrift. Verschiedene Untersuchungen zur Wirkung von Logos kommen dabei zu dem Ergebnis, dass die bildlichen Logos den reinen Schriftlogos in Bezug auf die Erinnerungsleistung überlegen sind, da sie leichter zu erfassen und abzuspeichern sind, wenn sie an die mentalen Bilder von Konsumenten anknüpfen (vgl. Esch, Langner, 2005).

Insbesondere wenn Logos verknüpft mit dem Markennamen präsentiert werden, erzielen sie bei jungen Marken mehr Assoziationen, was sich im Laufe einer Kampagne noch verstärken kann (vgl. van Riel, van den Ban, 2001).

Dieses Phänomen konnte in verschiedenen Experimenten, bei denen der Blickverlauf mittels Eyetracking gemessen wurde, bestätigt werden (vgl. Boerman et al., 2015).

Farbige Gestaltung und ihre Aussage

Auch die farbige Gestaltung eines Logos hat einen Einfluss auf seine Wirkung.

Dabei gilt, dass milde Farben eher für das obere Preissegment stehen und grelle Farben für das untere Preissegment.

Jedoch können Farben nie separat beurteilt werden, da sie in Abhängigkeit von ihrer Umgebung wirken. In diesem Zusammenhang sollten die Farben des Logos einer Immobilienmarke sowohl zur Architektur als auch zur Zielgruppe passen und unabhängig davon sollte jedes Logo auch in einer Schwarz-Weiß-Version wirken.

Kreation identitätsbasierter Assoziationen

Die nächste Herausforderung bezieht sich auf die auszulösenden Assoziationen und liegt darin, dass das Logo den Markennamen, die damit korrespondierende Positionierung sowie die Architectural Story und die Architektur reflektieren sollte. Es ist sinnvoll, eine klare, zeitlose Architektur dann auch entsprechend durch ein klar strukturiertes Logo wiederzugeben. Eine Architektur mit historischen wie beispielsweise klassizistischen Elementen sollte auch entsprechend im Logo zum Ausdruck gebracht werden. Das kann auch nur in Form von Typografie wiedergegeben werden. Entscheidend ist dabei stets eine erzielte Einzigartigkeit und keine blinde Anpassung an einen austauschbaren Zeitgeschmack. Dies ist häufig verlockend und entsprechende Logoentwürfe wirken auf den ersten Eindruck überzeugend, wenn sie von einer Agentur präsentiert werden. Um dies zu vermeiden, empfiehlt es sich, grundsätzlich auch auf Logo-Vorlagen (Stock-Images) zu verzichten.

Die Immobilie als Marke

Die Immobilie als Marke

Die Immobilie als Marke

Die Immobilie als Marke

Die Immobilie als Marke

Bild: Die Wahl der Typografie kann die Aussage eines Schriftlogos verändern.

Prozess zur Gestaltung eines Immobilienlogos

Zunächst einmal bietet sich ein Brainstorming zu konkreten Assoziationen an, die das Logo in Anlehnung an Namen, Positionierung und Story hervorrufen soll.

Auf dieser Basis werden dann erste einfache Skizzen entwickelt, die bereits in diesem frühen Stadium in Bezug auf ihre Wirksamkeit überprüft werden. Dieser Test kann mit einfachen Mitteln in Anlehnung an ein „virtuelles Tachistoskop" durchgeführt werden. Dabei werden verschiedene Logo-Varianten in einer Powerpoint-Slideshow für einen Bruchteil einer Sekunde Versuchspersonen gezeigt und danach wird die spontane Erinnerungsleistung abgefragt. Neben der konkreten Erinnerung sollten auch die Assoziationen abgefragt werden.

Abschließend lässt sich auf diesen Ergebnissen das finale Logo entwickeln.

10

FALLBEISPIEL
VON ROTHERR

VON ROTHERR

Objekt Neubau Mehrfamilienhaus

Lage Hamburg Rotherbaum

Kunde BAUPLAN NORD GmbH

Architectural Storytelling

DAS BESONDERE LEBEN. Ein Leben für Menschen mit exklusivem Lebensstil. Mit Sinn für feine Wohnkultur. Für Menschen, die das Leben genießen wollen. Mit einem Faible für das Schöne und Außergewöhnliche. „VON ROTHERR" soll die Geschichte einer edlen Persona widerspiegeln und an die Zeit der Sommerfrische erinnern. Für das Konzept des Objekts in der Alten Rabenstraße 3 gilt es, alte Werte und neue Visionen darzustellen.

Um dies zu ermöglichen, werden Erinnerungen an vergangene Urlaube verknüpft mit den charmantesten Orten der Stadt vor Augen. Mit kleinen Boutiquen, die sich in gemütlichen Altstadtgassen aneinanderreihen, und erfahrenen Seglern, die das Wasser der Alster vor der Haustür genauso schätzen, wie sie selbst.

Bild: Auszüge aus dem Expose „VON ROTHERR" mit „Architectural Storytelling".

Positionierung und Analyse der „Real Estate Buyer Persona“

VON ROTHERR richtet sich an diejenigen, die es kultiviert mögen und, nicht zuletzt durch ihre Lebenserfahrung, Gesellschaft gleichermaßen zu schätzen wissen wie die ruhigen Momente des Alltags.

Um diese Persönlichkeit anzusprechen, wird nicht nur der Standort genutzt. Auch eine anspruchvolle Architektur, höchste Ausführungsqualität und emotionaler Mehrwert bilden die entscheidenden Faktoren.

Wie das Objekt hat auch die „Real Estate Buyer Persona“ des Bauvorhabens Tradition und Moderne erlebt. Maßgenau auf sie zugeschnitten, vereint die Persona VON ROTHERR damit die prominentesten Eigenschaften der Immobilie mit den Bedürfnissen der Zielgruppe.

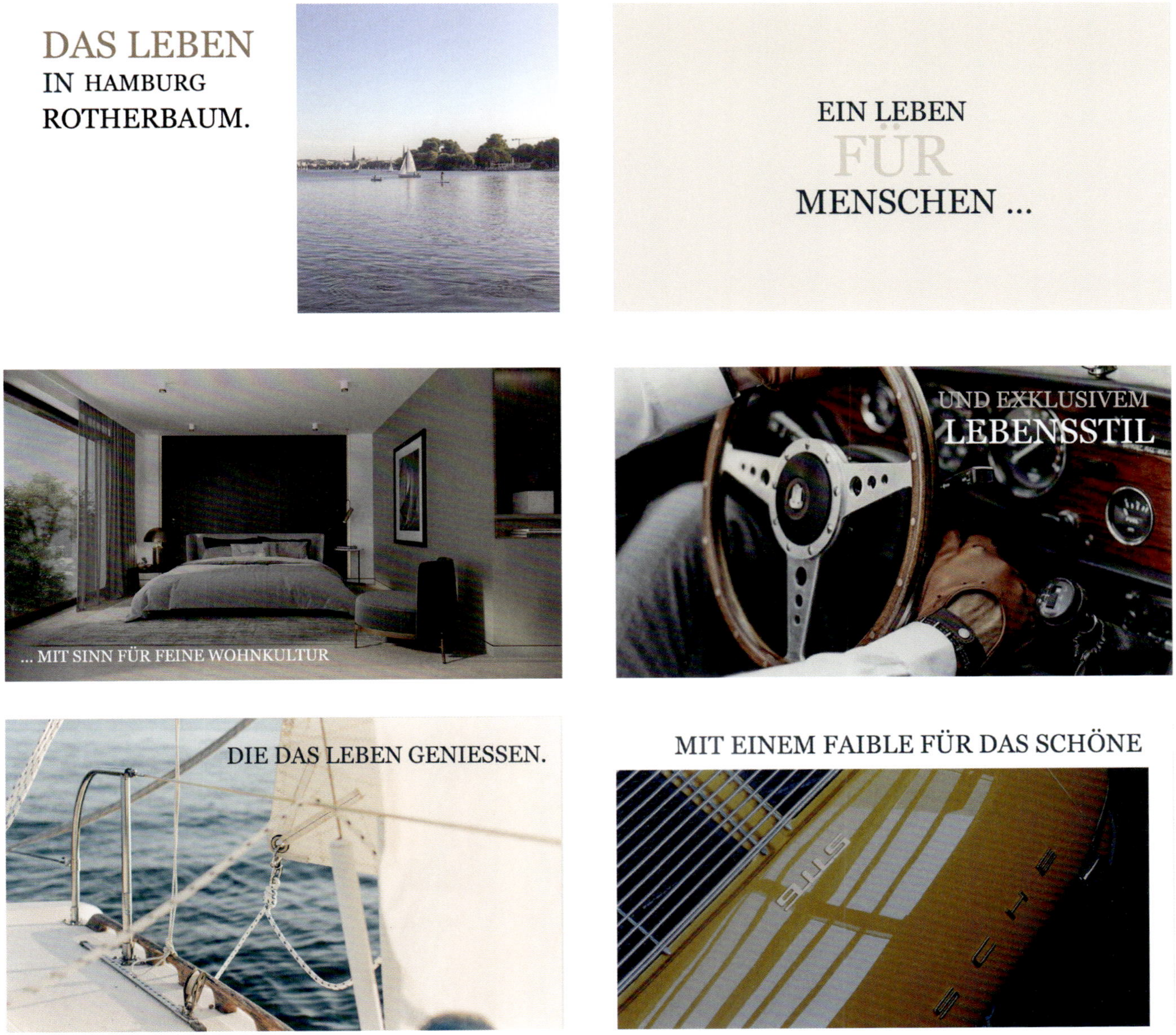

Bild: Moodboard zur Verdeutlichung der Zielgruppe und der Positionierung der Immobilie.

Markenidentität

Farbwelt

Marken und Farben sind untrennbar miteinander verbunden, denn Farben bieten die Möglichkeit, Bedeutungen und Botschaften ohne Worte zu vermitteln.

Konzeptionelle Herleitung und Ansatz

Werte und Beständigkeit im Wandel der Zeit. Für das Konzept des Objekts in der Alten Rabenstraße 3 gilt es, alte Werte und neue Visionen darzustellen. Die Kombination aus geschichtsträchtiger und begehrenswerter Umgebung sowie neuer Architektur soll die Corporate Identity des Projektes bilden.

Mit Materialien wie Bronze, Klinkerfassade und Emperador Marmor werden Farben und Formen entwickelt, die für eine unverwechselbare Projektidentität sorgen.

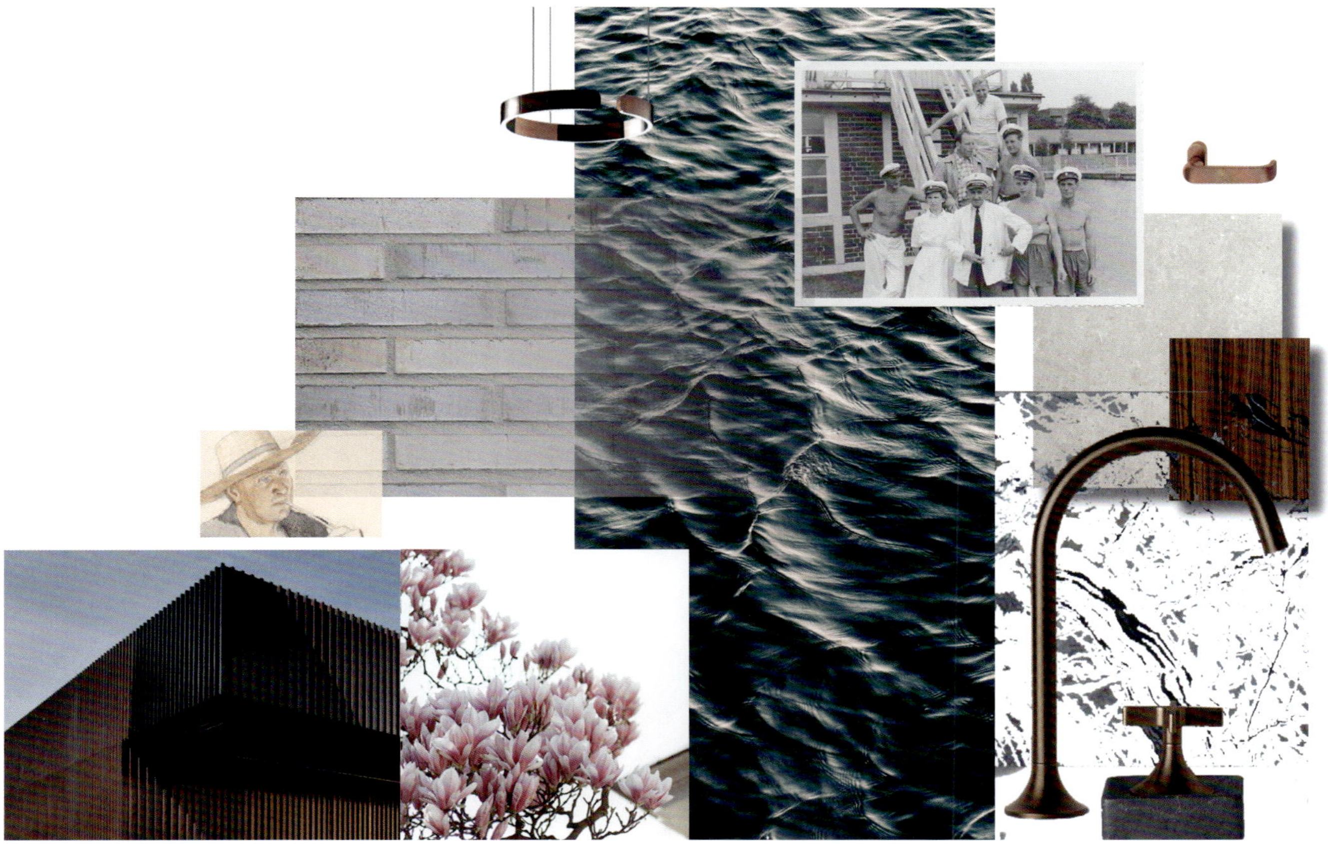

Bild: Moodboard zur Konzeptionierung der Farbwelt für das Projekt „VON ROTHERR".

Umgebung & Farbe

Sommerfrische. Das ist kein Ort, das ist keine Jahreszeit und keine Handlung. Das ist ein Gefühl.
Das frühere Landgebiet wurde zum vorstädtischen Wohngebiet für gutbürgerliche Kreise. Zudem wurde es als temporärer Ort der „Sommerfrische" für Wohlhabende entdeckt.
Dieses Gefühl der ersten Sommerfrische in Pöseldorf im 19. Jahhundert gilt es wiederzubeleben.

Nordisch Wasser

Web#: 1B3238
RGB#: 27/50/56

Magnolienblüte

Web#: 313B34
RGB#: 49/59/52

Historisches Kartengelb

Web#: B8A671
RGB#: 184/166/113

Architektur & Farbe

Klare Formen und Linien gepaart mit großzügigen Räumen und Details in jedem einzelnen Element: von Bronze über Kupfer und braunem Marmor bis zu hellem Klinker. Die Architektur bildet eine kontrastreiche Farbgebung - innen wie außen.
Die kühlen und geraden Formen werden durch warme Naturmaterialien aufgefangen und bilden eine prägnante Spannung.

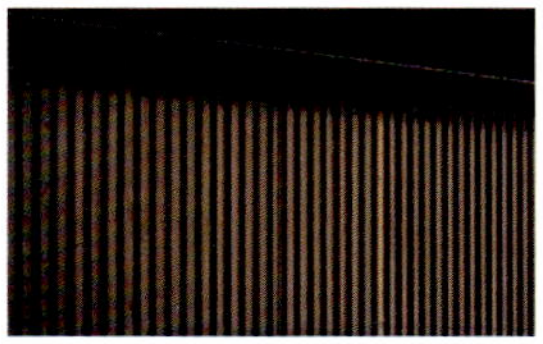

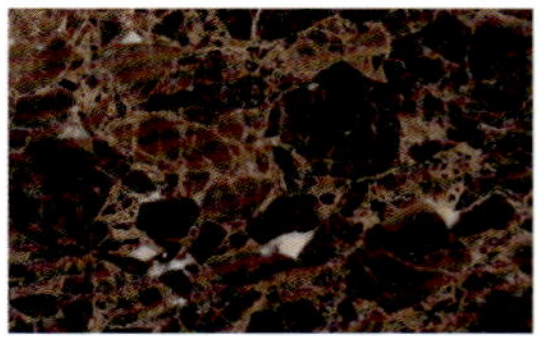

Bronze

Web#: B0BEA5
RGB#: 176/190/165

Östersund Klinker

Web#: BCAD9E
RGB#: 188/173/158

Emperador

Web#: 492E0E
RGB#: 73/46/14

Highlighter

Eine Farbe wie eine Erinnerung an laue Sommertage, saftige grüne Alleen und das wohlige Sonntagsgefühl.

Sommerfrische

Web#: 6A601F
RGB#: 106/96/3

Farbwelt „VON ROTHERR"

„Es sind Harmonien und Kontraste in den Farben verborgen, die ganz von selbst zusammenwirken."

Vincent van Gogh

Typografie

Wie wir Text und Worte verstehen, hängt maßgeblich von der Schriftform und Lesbarkeit ab. Es gibt aber Wörter, die so kunstvoll dargelegt sind, dass wir weniger ihren Inhalt wahrnehmen, vielmehr ihre Gestaltung im Sinne eines visuellen Reizes (vgl. Esch, 2016).

Eine Schriftart ist nicht nur ein Mittel, um Texte zu produzieren. Die Typografie ermöglicht uns, unsere Gedanken zu personalisieren und eine Aussage nonverbal zu vermitteln.

Konzeptionelle Herleitung & Ansatz

Werte und Beständigkeit im Wandel der Zeit.
Um einer Aussage möglichst viel Kraft zu verleihen, kann man diese in einer kunstvollen Serifenschrift oder mit einer gebrochenen Schriftart in Reminiszenz an die Herkunft bzw. Historie gestalten (siehe Moodboard mit dem Schriftzug der Hamburger Nachrichten).

Um einer Aussage in der heutigen Zeit viel Kraft verleihen zu können, zeigen Erfahrungswerte der Autorin Vera Barnert zu der Kommunikation über die sozialen Medien, dass man sich auf das Wesentliche reduzieren sollte.

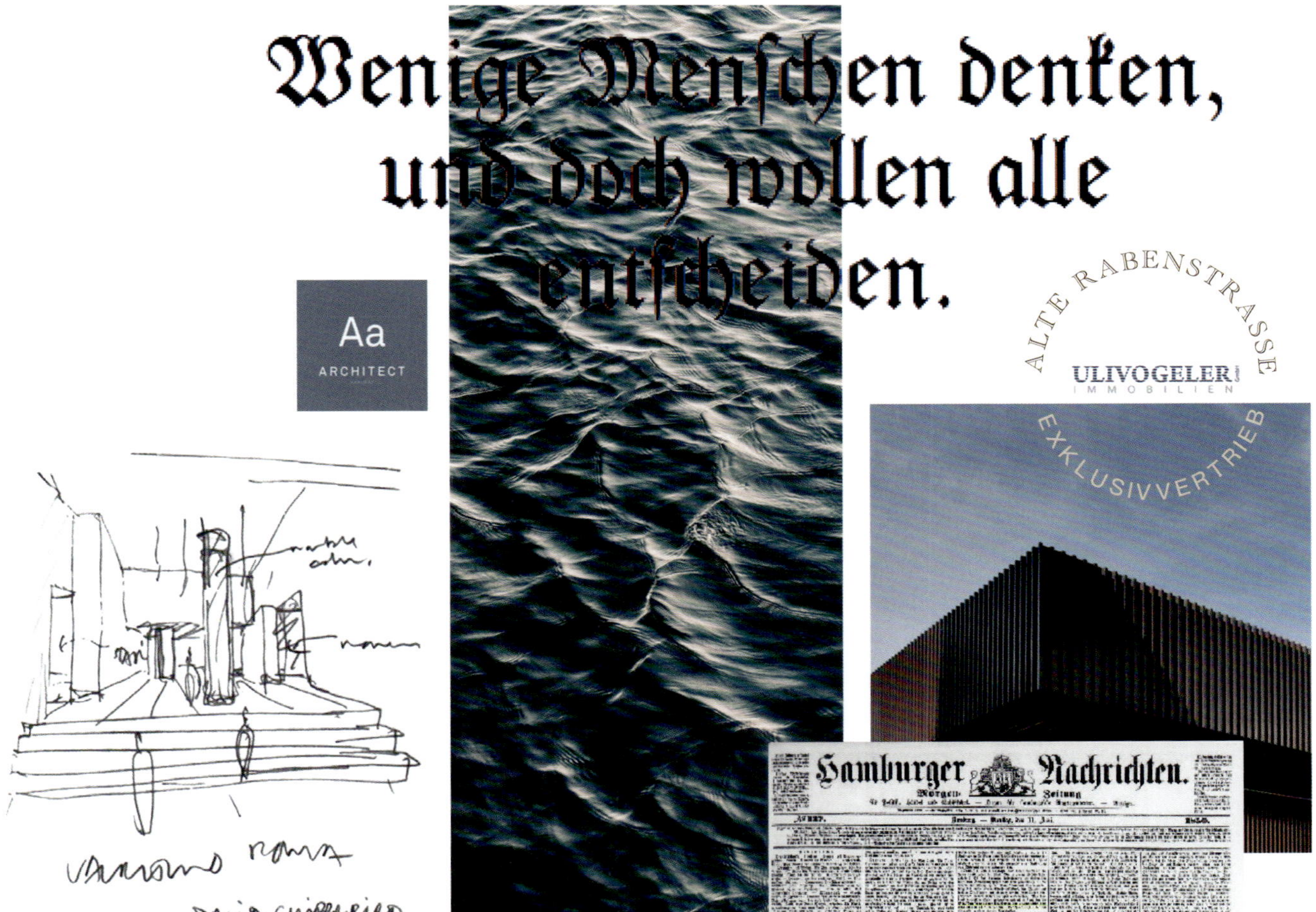

Bild: Moodboard zur Konzeptionierung der Typografie für das Projekt „VON ROTHERR".

Die primäre Schriftart steht stets im Vordergrund und wird bewusst als die zentrale Typografie für die Alte Rabenstraße wahrgenommen.
In dieser Schriftart werden nicht nur alle Headlines geschrieben, sie dient ebenfalls als Logoschriftzug.
Die charakterischtische „3" sollte ebenfalls als Hausnummer verwendet werden.

Primäre Schriftart I Headlines

Athena

ABCDEFGHIJKLMNOPQRSTUVWXZ
0123456789

Light
ABCDEFGHIJKLMNOPQRSTUVWXZ
0123456789

Light italic
ABCDEFGHIJKLMNOPQRSTUVWXZ
0123456789

Regular
ABCDEFGHIJKLMNOPQRSTUVWXZ
0123456789

Inline
ABCDEFGHIJKLMNOPQRSTUVWXZ
0123456789

Die sekundäre Schriftart wird ausschließlich als Fließtext verwendet.
Die gute Lesbarkeit sowie ihre zurückhaltene Formsprache eignet sich hervorragend für längere Textpassagen.
Sie erinnert an die alte Architektenschrift, als Pläne noch mit einer Schablone beschriftet wurden.
Nicht nur symbolisch, sondern auch in Bezug auf die Anmutung fügt sich die Schriftart Roboto harmonisch in die Gesamtgestaltung ein.

Sekundäre Schriftart I Fließtext

Roboto

ABCDEFGHIJKLMNOPQRSTUVWXZ
0123456789

Light
ABCDEFGHIJKLMNOPQRSTUVWXZ
0123456789

Thin
ABCDEFGHIJKLMNOPQRSTUVWXZ
0123456789

Regular
ABCDEFGHIJKLMNOPQRSTUVWXZ
0123456789

Thin italic
ABCDEFGHIJKLMNOPQRSTUVWXZ
0123456789

Eine Personalisierung der Typografie hebt das Projekt hervor und gibt ihm einen Hauch von Luxus und Individualität, den die Zielgruppe erwartet. Ob ein Zitat oder eine persönliche Nachricht: eine Schreibschrift bleibt immer etwas Besonderes.

Personalisierte Schreibschrift I Zitate

Blackstone

ABCDEFGHIJKLMNOPQRSTUVWXZ
0123456789

Regular
ABCDEFGHIJKLMNOPQRSTUVWXZ
0123456789

swashes
0123456789

Typografie „VON ROTHERR“

ALTE RABENSTRASSE 3

Lorem ipsum dolor sit amet, consectetuer adipiscing elit. Aenean commodo ligula eget dolor. Aenean massa. Cum sociis natoque penatibus et magnis dis parturient montes, nascetur ridiculus mus. Donec quam felis, ultricies nec, pellentesque eu, pretium quis, sem. Nulla consequat massa quis enim. Donec pede justo, fringilla vel, aliquet nec, vulputate eget, arcu. In enim justo, rhoncus ut, imperdiet a, venenatis vitae, justo.

Hamburg, Rotherbaum

WÄRE ROTHERBAUM EINE PERSON

…

Namensfindung

Bei der Namensfindung wurde der Stadtteil Rotherbaum in den Fokus gerückt. In Rotherbaum geht das Alstervorland ins Alsterufer über. Zahlreiche Bänke zieren das Ufer, einige direkt am Wasser, und laden zum Verweilen ein.

Dabei befindet sich das Bauvorhaben in hervorragender Nachbarschaft neben vielen imposanten Häusern, welche die Kulisse des Alsterparks prägen. The Fontenay, Hamburgs erste Hoteladresse, der Hamburger und Germania Ruderclub, zweitältester Ruderclub der Welt, sind um die Ecke.

Man stellt sich die Frage: Wäre Rotherbaum eine Person, wie wäre sie? Auf diese Weise werden dem Stadtviertel Eigenschaften zugeordnet, die sich in den Charakterzügen und Vorlieben der Real Estate Buyer Persona widerspiegeln. Damit können eine bessere Vorstellung und ein Lebensgefühl des Orts bei den Menschen suggeriert werden und sie können eine Verbindung mit dem Ort sowie mit der Persona aufbauen.

Bild: Moodboard zur Personifizierung des Stadtteils Hamburg Rotherbaum.

... DANN WÄRE SIE ?

UNBESCHWERT ELITÄR UNABHÄNGIG

GRENZENLOS LEBENSFROH EDEL

LUXURIÖS

KULTIVIERT SCHICK

HIP

VIELSEITIG

STILVOLL GELEHRT MODISCH

EXKLUSIV MODERN

UNVERGLEICHLICH

LÄSSIG

ANGESEHEN

Bild: Brainstorming zur Definition der Real Estate Buyer Persona „VON ROTHERR“.

VON ROTHERR

VON ROTHERR

VON ROTHERR

ELITÄR
EDEL
LUXURIÖS
GELEHRT
KULTIVIERT

VON

ADELSPRÄDIKAT
GENERATIONSÜBERGREIFEND
WOHLSTAND
STILVOLL
EXKLUSIV
ANGESEHEN

STILVOLL
KULTIVIERT
HIP
ANGESEHEN
EXKLUSIV
HAMBURG

ROTHERBAUM

STADTVIERTEL
EDEL
SCHICK
MONDÄN
LUXURIÖS
ELITÄR

STILVOLL
KULTIVIERT
HIP
ANGESEHEN
EXKLUSIV
HAMBURG

ROTHER~~BAUM~~

STADTVIERTEL
EDEL
SCHICK
MONDÄN
LUXURIÖS
ELITÄR

VON ROTHERR

Der Name VON ROTHERR leitet sich vom Namen des Stadtteils Rotherbaum ab und stellt von Anfang an den Standort selbstbewusst in den Mittelpunkt.

Um den noblen Ort Rotherbaum auch für Menschen zu beschreiben, die diesen nicht kennen, wird der Ort durch den Namen VON ROTHERR personifiziert.

Architekturvisualisierungen

Das „Architectural Storytelling" wird in den Renderings weitererzählt und durch die Verwendung feiner Nuancen auf die nächste Stufe gebracht.

Nicht nur der Projektname „VON ROTHERR" und der Bauträger Bauplan Nord GmbH finden sich dezent platziert und dennoch sichtbar in den Renderings.

Auch vielfältige identitätsbasierte Details wie der edle Oldtimer und die Vespa in Kombination mit Kunstgegenständen und einem eigens hierfür konzipierten Einrichtungsstil verleihen den Visualisierungen eine individuelle Note und schaffen auf diese Weise eine direkte Verbindung zwischen Zielgruppe und Objekt.

Wie ein roter Faden ziehen sich diese Gestaltungsmerkmale durch sämtliche mediale Adaptionen der Marke und festigen so ihre Identität.

Bild: Detailausschnitt Visualisierung Frontansicht und Eingang „VON ROTHERR".

Bilder: Visualisierungen „VON ROTHERR".

Bild: Visualisierung Schlafzimmer „VON ROTHERR".

Baustellenkonzept

Die ca. 70 Meter lange Baustelle sollte weit mehr sein als eine bloße Abtrennung der angehenden Arbeiten. Sie sollte eine Möglichkeit sein, das Bauvorhaben im Einklang mit der Markenidentität anzukündigen.

Dafür wurden 19 Bauzäune genutzt, bespielt mit Visualisierungen und Auszügen aus dem Exposé und gestaltet anhand der Farb- und Typografiewelt.

Um eine verständliche und unkomplizierte Kontaktaufnahme mit dem Vertrieb zu gewährleisten, wurde ein für das Projekt individuell konzipierter Vertriebsstempel kreiert.

Das Design sollte nicht nur dem Anspruch der Informationsvermittlung durch neueste Kommunikationstechniken genügen sondern auch die Markenidentität widerspiegeln.

Durch das Zusammenspiel dieser Komponenten mit der Integration der Immobilie in den Alltag der Zielgruppe wird gleich zu Anfang und - im wahrsten Sinne des Wortes - beiläufig ein Bewusstsein für die Wertigkeit der Immobilie geschaffen.

Bild: Gestaltung der Bauzäune mit Auszügen aus dem Exposé und Vertriebsstempel.

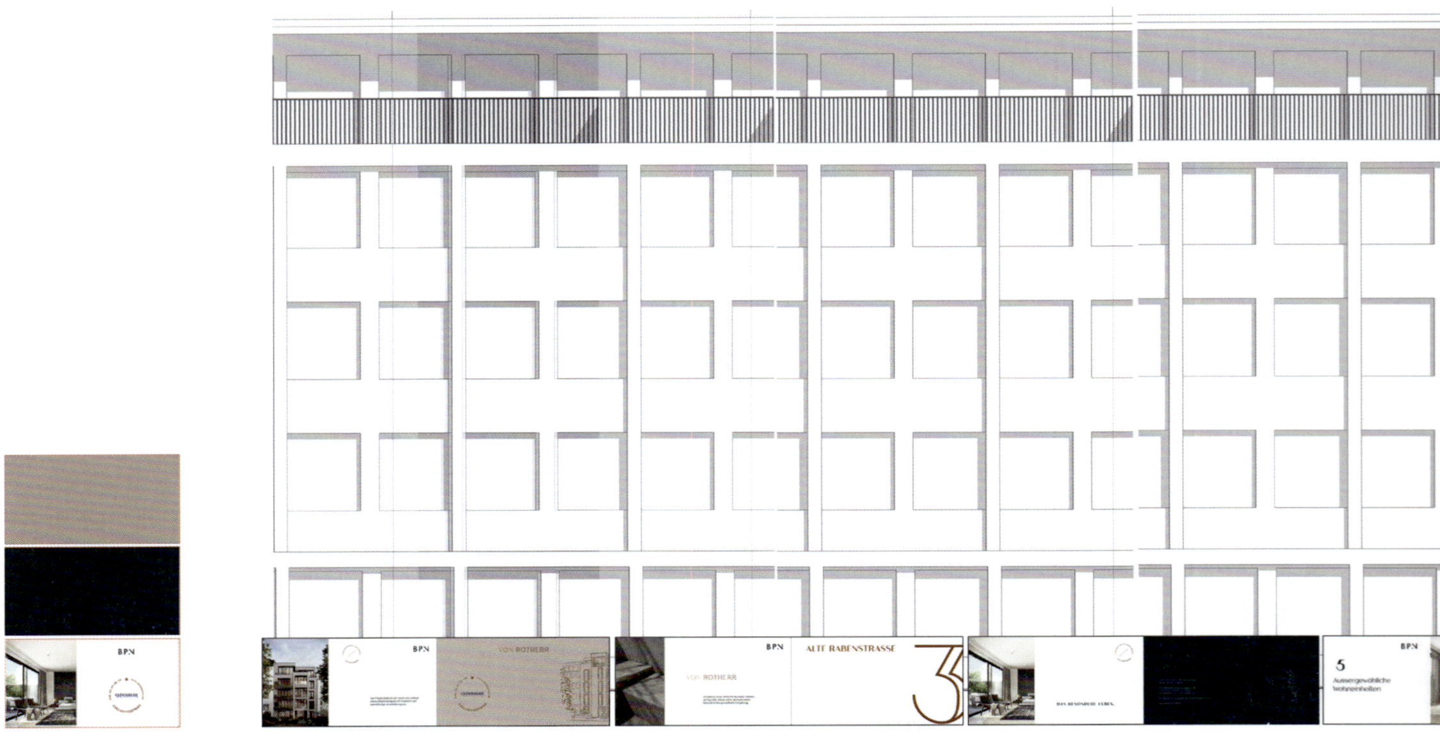

Bild: Ansichtszeichnung der Baustelle mit Bauzäunen und Bautafel.

OK Attika
+17,03
+16,65
OK Attika
+14,34
IV OG
+13,24
III OG
+9,87
II OG
+6,58
I OG
+3,29
EG
BAUPLANNORD
5
Aussergewöhnliche
Wohneinheiten
BAUPLANNORD
BPN

Bild: Gestaltung der Bauzäune mit Auszügen aus dem Exposé und Visualisierungen.

Die Bautafel beinhaltet sämtliche Gewerke und wurde gemäß der Farbwelt in den Projektfarben „Nordisch Wasser“ und „Klinker“ gestaltet. Mit ihrem direkten Bezug zur Umgebung fügt sie sich nahtlos in diese ein. Der Vertriebsstempel wurde passend zur Schriftfarbe ergänzt.

Eleganz wird der Tafel durch die Handskizze verliehen, welche ihr darüber hinaus einen persönlichen und exklusiven Charakter zuspricht. Dieser spiegelt das gesamte Projekt und seine Zielgruppe wider.

Bild: Bautafel „VON ROTHERR“.

Markenkonsistenz

Architectural Storytelling, Namensfindung, Visualisierungen und das Baustellenkonzept sollten sich zusammenschließen zu einem konsistenten Ganzen.

VON ROTHERR steht für Qualität, Beständigkeit und Tradition. Mit diesen offen kommunizierten Grundsätzen ist es möglich, die Bedürfnisse des Käufers zu befriedigen und darüber hinaus eine tiefe Interaktion zwischen Immobilienmarke und Mensch zu schaffen.

Bild: Exposé, Bau- und Leistungsbeschreibung und Teilungserklärung „VON ROTHERR".

Bilder: Vermarktungsunterlagen „VON ROTHERR".

Bilder: Handskizzen und handgezeichnete Grundrisse „VON ROTHERR".

Bilder: Exposé und Farbkarten „VON ROTHERR".

Allein die Kombination aus diesen vorangegangenen, identitätsbasierten Maßnahmen macht die Marke schlussendlich zu einem Erfolg.

Dies wird ermöglicht durch die Kreation der Medien - seien es Skizzen, Grundrisse oder Visualisierungen - aus einer Hand.

Nur durch dieses Maß an absoluter Konsistenz kann eine Marke geschaffen werden, die sich treu bleibt und Vertrauen schafft.

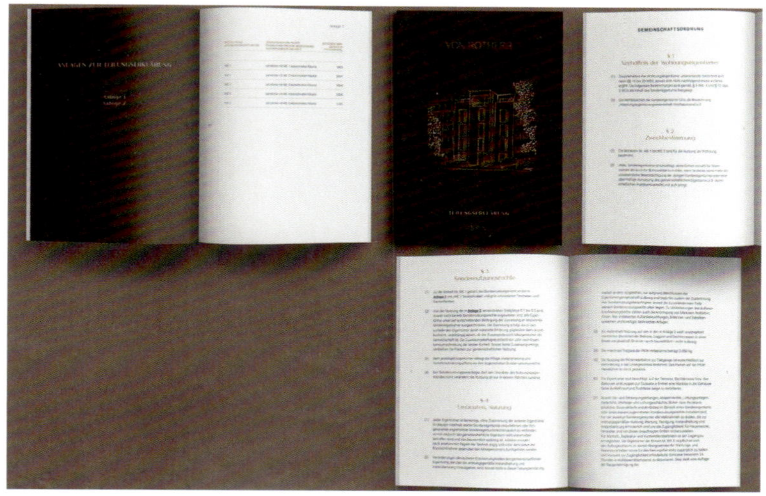

Bilder: Vermarktungsunterlagen „VON ROTHERR".

11

FALLBEISPIEL
TASSILO´S YARD

TASSILO'S / YARD

NEUE VILLEN AM ISARHOCHUFER

Objekt Neubauvillen

Lage Pullach im Isartal

Kunde Privater Bauherr

Überblick zum Projekt

Die Marke TASSILO´S YARD wurde für ein Villenensemble im Münchner Vorort Pullach im Isartal entwickelt.

Die neuen Villen am Isarhochufer fügen sich mit ihren sanft geschwungenen Hausecken, den dunkelgrauen Walmdächern und ihren herrschaftlichen Terrassen mit Pool in die umliegende Villenarchitektur ein. Die visuelle Anmutung der Architektur weist einen einzigartigen, gediegenen Stil auf, der sowohl Elemente klassischer, großbürgerlicher Baukunst aufweist, wie z. B. bei der Fassadengestaltung, andererseits aber auch von modernstem Komfort bei der Raumgestaltung geprägt ist.

Pullach im Isartal zählt mit seiner idyllischen Lage direkt an der Isar zu den attraktivsten Villenvororten Münchens mit höchster Lebensqualität.

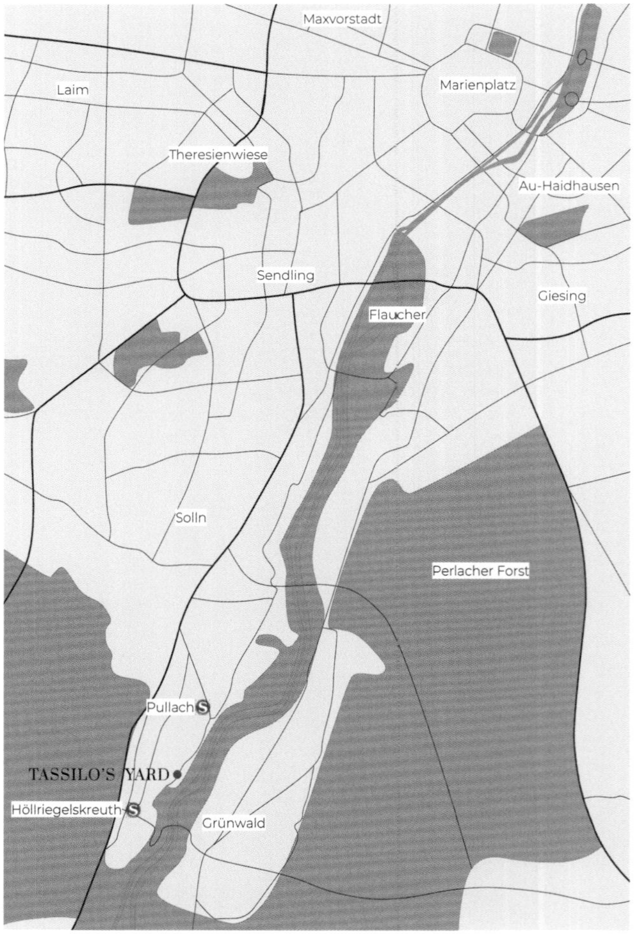

Bild: Lageplankarte des Objekts in Projektfarben.

Bild: Baustelleneinrichtung TASSILO´S YARD.

Bild: Visualisierung TASSILO´S YARD.

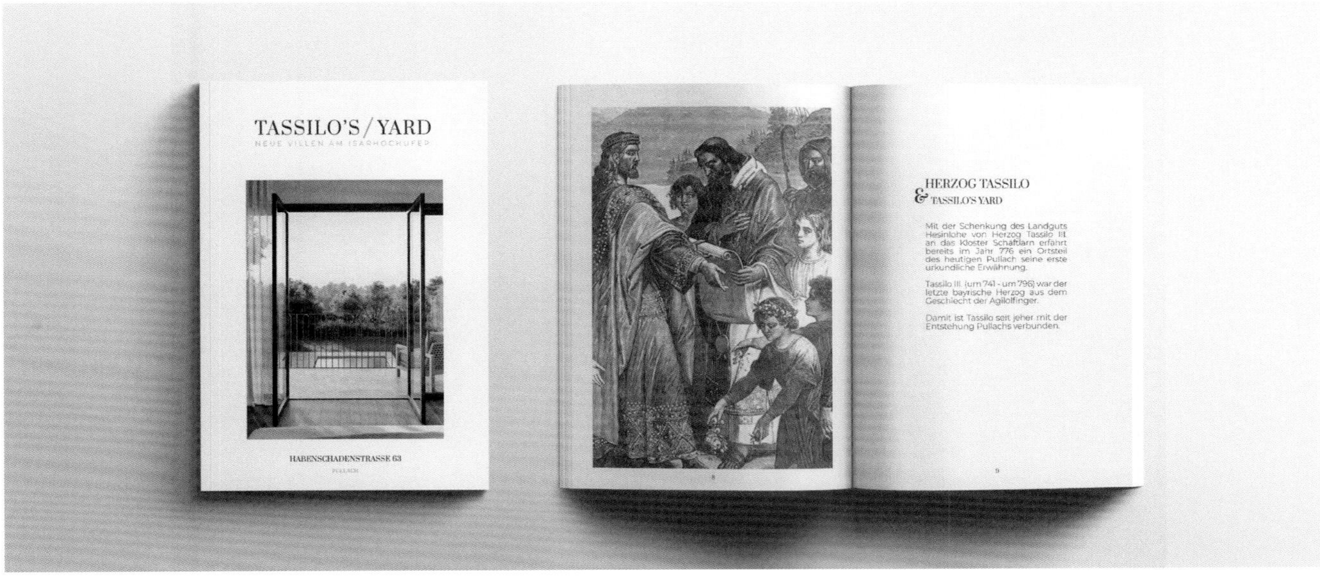

Bild: Auszug aus dem Exposé TASSILO´S YARD.

Die Namensfindung

Der Namensfindungsprozess bezog sich auf die gesamte Identität der Marke. Bei dem finalen Namen wurden vor allem die historischen Wurzeln der Identität aufgegriffen. So beinhaltet „Tassilos's Yard" zum einen den Namen des Herzogs Tassilo III., welcher mit der Gründungsgeschichte Pullachs verbunden wird, und zum anderen den Begriff „Yard", welcher u. a. für einen Hof oder einen Garten steht, wodurch der Immobilienbezug ausdrucksstark herausgestellt wird.

Die ungewöhnliche Kombination aus regionalhistorisch bekannter Sprache (Tassilo) und unbekannter Sprache (Yard) führt zu einer Aktivierung im Sinne eines kognitiven Stimulus und erreicht somit eine stärkere Wahrnehmung in der relevanten Zielgruppe. Durch die Kombination der beiden Begriffe wird eine wohlklingende Phonetik erreicht.

Der Bezug zu Herzog Tassilo ruft zudem die gewünschten positionsrelevanten Assoziationen des oberen Preissegments hervor, die eine feine Aura aus Noblesse und Eleganz beinhalten.

Bild: Visualisierung Wohnzimmer TASSILO'S YARD.

Zielgruppenspezifische Architekturvisualisierungen

Beim Aufbau werterhaltender Immobilienmarken liegt ein besonderes Geheimnis in der Analyse der Wohnsehnsüchte der Menschen. Empathie für die Zielgruppen zu entwickeln, ist die Voraussetzung effektiver Markenführung und so greifen sämtliche Renderings zur Markenwelt Tassilos's Yard die Sehnsüchte der Zielgruppe auf.

Bild: Außenvisualisierung Poolsicht mit Poolhaus TASSSILO´S YARD.

Bild: Visualisierung Master-Bad TASSILO´S YARD.

Bild: Visualisierungen TASSILO`S YARD.

Markenkonsistenz

Exposé, Baubeschreibung, Architectural Storytelling, Namensfindung, Visualisierungen und das Baustellenkonzept sollten sich zusammenschließen zu einem konsistenten Ganzen.
Die Markenidentität wird an allen Kontaktpunkten zum Kunden visuell sichtbar.

Das wäre das Gefühl, wenn Sie aus Ihrem Schlafzimmer von Ihrer Terrasse in Richtung Isarhochufer hinunter in den Garten und auf Ihren Pool blicken. Das ist TASSILO'S YARD.

Bild: Marketingunterlagen TASSILO´S YARD.

12

LITERATUR-
VERZEICHNIS

Aaker, D., Aaker, J. L. (2016). What are Your Signature Stories? California Management Review, 58 (3), S. 49–65.
Aaker, J. (1997). Dimensions of brand personality, Journal of Marketing Research, 34 (3), S. 347–356.
Adaval, R. M, Wyer, R. S. (1998). The role of narratives in consumer information processing, Journal of Consumer Psychology, 7 (3), S. 207–245.
Bagozzi, R. P., Gopinath, M., Nyer, P. U. (1999). The Role of Emotions in Marketing, Journal of the Academy of Marketing Science, 27 (2), S. 184–206.
Balmer, J. (2015). Corporate identity, corporate identity scholarship and Wally Olins (1930-2014). Corporate Communications: An International Journal, 20, S. 4–10.
Beeck, S. (2003). Parallele Welten, Theming: Analyse einer Methode aus dem Bereich der visuellen Kommunikation zur semantischen Programmierung, bezogen auf den Kontext von Architektur und Städtebau im 21. Jahrhundert, Universität Karlsruhe, Fak. für Architektur, Dissertation.
Beverland, J. B., Farrelly, F. J. (2010), The Quest for Authenticity in Consumption: Consumers' Purposive Choice of Authentic Cues to Shape Experienced Outcomes, Journal of Consumer Research, 36 (5), S. 838–56.
Boerman, S., Reijmersdal, E., Neijens, P. (2015). Using Eye Tracking to Understand the Effects of Brand Placement Disclosure Types in Television Programs, Journal of Advertising, 44 (3), S. 196–207.
Brakus, J. J., Schmitt, B. H., Zarantonello, L. (2009). Brand experience. What is it? How is it measured? Does it affect loyalty?, Journal of Marketing, 73 (3), S. 52–68.
Bredenkamp, J., Wippich, W. (1977). Lern- und Gedächtnispsychologie, Band 1, Kohlhammer, Stuttgart.
Brewer, M. B., Hewstone, M. (Eds.) (2004). Self and social identity, Blackwell, Oxford.
Burmann, C., Halaszovich, T., Schade, M., Piehler, R. (2018). Identitätsbasierte Markenführung, Gabler, Wiesbaden.
Buber, R.; Holzmüller, H. H. (2009). Qualitative Marktforschung. Konzepte – Methoden – Analysen. Gabler, Wiesbaden.

Burmann, C., König, V., Meurer, J. (2012). Identitätsbasierte Luxusmarkenführung: Grundlagen – Strategien – Controlling, Gabler, Wiesbaden.
Burmann, C., König, V. (2012). Innengerichtete Markenführung in extern beauftragten Call Centern, in: Zeitschrift für Führung und Organisation (zfo), Ausgabe 3/2012, S. 198–203, Schäffer Poeschel Verlag, Stuttgart.
Bushman, J. (1993). What's in a Name? The Moderating Role of Public Self-Consciousness on the Relation Between Brand Label and Brand Preference, Journal of Applied Psychology, 78 (5), S. 857–861.
Busselle, R., Bilandzic, H. (2008). Fictionality and perceived realism in experiencing stories: A model of narrative comprehension and engagement, Communication Theory, 18 (2), S. 255–280.
Conzen, Pr. (2010). Erik H. Erikson. Grundpositionen seines Werkes, Kohlhammer, Stuttgart.
Dalmoro, M., Diego, C. P., Borges, A., Nique, W. (2016). Global brands in emerging markets: The cultural antecedents of global brand preference, Journal of Brand Management, 22, S. 721–736.
Dayer, C., Emmons, P., Feuerstein, M. (2017). Confabulations: Storytelling in Architecture, Routledge, Abingdon.
de Chernatony, L. (2001). From Brand Vision to Brand Evaluation: Strategically building and sustaining brands, Butterworth-Heinemann, Oxford.
Ekman, P. (Hrsg.) (1988). Gesichtsausdruck und Gefühl. 20 Jahre Forschung von Paul Ekman, Paderborn.
Erikson, E. H. (1950). Wachstum und Krisen der gesunden Persönlichkeit. In E. H. Erikson (Hrsg.), Identität und Lebenszyklus (S. 55–122). Frankfurt a. M.: Suhrkamp.
Escalas, J. E. (2004). Imagine yourself in the product: Mental simulation, narrative transportation, and persuasion, Journal of Advertising, 33 (2), S. 37–48.
Esch F. R., Langner, T. (2005). Gestaltung von Markenlogos, in: Esch, F. R. (Hrsg), Moderne Markenführung, Gabler Verlag, Wiesbaden.
Esch, R. (2016). Identität. Das Rückgrat starker Marken, Campus Verlag, Frankfurt am Main.
Evers, B., Thoenes, Ch., (2019). Architektur Theorie. Wegweisende Texte zur Architektur von der Renaissance bis heute, Taschen, Köln.

Festinger, L. (2012). Theorie der Kognitiven Dissonanz, Huber, Mannheim.

Fournier, S. (1998). Consumers and Their Brands: Developing Relationship Theory in Consumer Research, Journal of Consumer Research, 24 (4), S. 343–373.

Frey, H. P., Haußer, K. (1987). Entwicklungslinien sozialwissenschaftlicher Identitätsforschung, Der Mensch als soziales und personales Wesen, in: Frey, H. P. (Hrsg.), Identität: Entwicklungen psycholog. und soziolog. Forschung , S. 3–26, Stuttgart.

Gilmore, G. W. (1919). Animism, Marshall Jones Company, Boston.

Godeya, B., Pederzolia, D., Aiellob, G., Donvitoc, R., Chand, P., Ohe, H., Weitzi, B. (2012). Brand and country-of-origin effect on consumers' decision to purchase luxury products, Journal of Business Research, Vol. 65, Issue 10, S. 1461–1470.

Grey, Ch., O'Toole, M. (2020). The Placing of Identity and the Identification of Place: "Place-Identity" in Community Lifeboating, Journal of Management Inquiry, S. 206–219.

Grinsven, B. v., Das, E. (2016). Logo design in marketing communications: Brand logo complexity moderates exposure effects on brand recognition and brand attitude, Journal of Marketing Communications, 22 (3), S. 256–270.

Hamenda, A. (2018). An integrated model of service quality, price fairness, ethical practice and customer perceived values for customer satisfaction of sharing economy platform, International Journal of Business and Society, 19, S. 709–724.

Hauge, A. L. (2007). Identity and Place: A Critical Comparison of Three Identity Theories, Architectural Science Review, 50 (1), S. 44–51.

Henderson, P. W., Cote, J. A. (1998). Guidelines for Selecting or Modifying Logos, Journal of Marketing, 62 (2), S. 14–30.

Herskovitz, S., Crystal, M. (2010). The essential brand persona: storytelling and branding, Journal of Business Strategy, Vol. 31 No. 3.

Janiszewska, K., Insch, A. (2012). The Strategic Importance of Brand Positioning in the Place Brand Concept – Elements, Structure and Application of the Positioning Statement, Journal of International Studies, 5, S. 9–19.

Janiszewski, Chr., Meyvis, T. (2001). Effects of Brand Logo Complexity, Repetition, and Spacing on Processing Fluency and Judgment, Journal of Consumer Research, Volume 28, Issue 1, S. 18–32.

Jones, R. (2010). Corporate Branding: the role of vision in implementing the corporate brand, Innovative Marketing, 6 (1).
Keller, K. L., Heckler, S. E., Houston, M. J. (1998). The Effects of Brand Name Suggestiveness on Advertising Recall, Journal of Marketing, 62 (1), S. 48–57.
Kohli, Ch., LaBahn, D. (1997). Creating effective brand names: a study of the naming process. Journal of Advertising Research, Vol. 37, No. 1, S. 67–85.
König, V. (2014). Wie werde ich eine Diva? Marketing für junge Modedesigner, Springer, Wiesbaden.
König, V. (2015). Die Identität Mannheimer Manufakturen, zusammen mit L. Pauels und Dr. S. Wolf, Edition Panorama, Mannheim.
König, V. (2017). Grundlagen der Luxus- und Premiummarkenführung, Strategie – Instrumente – Umsetzung, Monographie, Springer Verlag, Wiesbaden.
König, V. (2021). Stadtflucht versus Landflucht: Wohnpräferenzen Studierender im Alter zwischen 20 und 25 Jahren. Mimeo.
König, V., Burmann, C. (2012). Einführung zur identitätsbasierten Luxusmarkenführung, Springer, Wiesbaden.
Kroeber-Riel, W., Esch, F. R. (2004). Strategie und Technik der Werbung, 6. Auflage, Kohlhammer, Stuttgart.
Kuhlmann, E. (2001). Besonderheiten des Nachfrageverhaltens bei Dienstleistungen, in: Bruhn, M., Meffert, H. (Hrsg.), Handbuch Dienstleistungsmanagement, S. 213–242, Gabler, Wiesbaden.
Larcher, M. (2010). Zusammenfassende Inhaltsanalyse nach Mayring – Überlegungen zu einer QDA-Software unterstützten Anwendung. Diskussionspapier. Universität für Bodenkultur Wien.
Lee, S. K, Nathan L., Kyun Soo, K. (2017). The Effects of News Consumption via Social Media and News Information Overload on the Perceptions of Journalism, Computers in Human Behavior, Volume 75, S. 254–263.
Leibenstein, H. (1950). Bandwagon, Snob, and Veblen Effects in the Theory of Consumers' Demand, Quarterly Journal of Economics, 64, S. 183–207.
Lowrey, T. M., Shrum, L. J. (2007). Phonetic Symbolism and Brand Name Preference, Journal of Consumer Research, 34 (3), S. 406–414.

Lundqvist, A., Liljander, V., Gummerus, J. et al. (2013). The impact of storytelling on the consumer brand experience: The case of a firm-originated story, Journal of Brand Management, 20, S. 283–297.
Malär, L., Krohmer, H., Hoyer, W. D., Nyffenegger, B. (2011). Emotional Brand Attachment and Brand Personality: The Relative Importance of the Actual and the Ideal Self, Journal of Marketing, 75 (4), S. 35–52.
Martin, G. (2011). The Importance Of Marketing Segmentation, American Journal of Business Education (AJBE), 4 (6), S. 15–18.
Marcia, J. E. (1980). Identity in adolescence. In J. Adleson (Eds.), Handbook of adolescent psychology (S. 159–187). New York: Wiley.
Maslow, A. (1943). A theory of human motivation. Psychological Review, 50, S. 370–396.
Mayring, Ph. (2008). Qualitative Inhaltsanalyse. Grundlagen und Techniken (10. Aufl.). Weinheim: Beltz.
Mead, G. H. (1973). Geist, Identität und Gesellschaft. Aus der Sicht des Sozialbehaviorismus. Frankfurt a. M.: Suhrkamp.
Megehee, C. M., Woodside, A. G. (2010). Creating visual narrative art for decoding stories that consumers and brands tell, Psychology & Marketing, 27 (6), S. 603–622.
Michaelidou, N., Dibb, S. (2008). Consumer Involvement – A New Perspective, in: The Marketing Review, 8. Jg., Heft 1, S. 83–99.
Müller, B. (2011). Empirische Identitätsforschung, Personale, soziale und kulturelle Dimensionen der Selbstverortung, VS Verlag für Sozialwissenschaften, Wiesbaden.
Neher, K. (2013). Social Media Marketing, Harnessing Images, Instagram, Infographics and Pinterest to Grow your Business Online, Boot Camp Publishing, Cincinnati, OH.
Parker, B. T. (2009). A comparison of brand personality and brand userimagery congruence, Journal of Consumer Marketing, Vol. 26 No. 3, S. 175–184.
Pera, R. et al. (2016). Who Am I? How Compelling Self-storytelling Builds Digital Personal Reputation, Journal of Interactive Marketing, Volume 35, S. 44–55.

Petersen, T., Jackob, N., Roessing, T., Baek, Y.M. (2017). Der Einfluss der Nutzung sozialer Netzwerke auf die Wahrnehmung des Meinungsklimas, in: Jandura O., Wendelin M., Adolf M., Wimmer J. (Hrsg.), Zwischen Integration und Diversifikation. Medien • Kultur • Kommunikation, Springer VS, Wiesbaden.
Podoshen, J., Andrzejewski, S. (2012). An Examination of the Relationships Between Materialism, Conspicuous Consumption, Impulse Buying, and Brand Loyalty, Journal of Marketing Theory and Practice, S. 319–334.
Pontes, N. et al. (2017). Brand expertise and perceived consistency reversals on vertical line extensions: The moderating role of extension direction, Journal of Retailing and Consumer Services, Volume 34, S. 209–218.
Salcher, E. F., Hoffelt, P. (1995). Psychologische Marktforschung, De Gruyter, Berlin.
Sax, B. (2006). Storytelling and the "information overload", On the Horizon, Vol. 14 No. 4, S. 165–170.
Schneider-Rading, T. (2018). Best of Interior 2018, Callwey, München.
Schroeder, J. (2005). Visual Consumption, Routledge. London.
Sichtmann, C. (2007). An analysis of antecedents and consequences of trust in a corporate brand, European Journal of Marketing, Vol. 41 No. 9/10, S. 999–1015.
Sirgy, M. (1982). Self-Concept in Consumer Behavior, in: Journal of Consumer Research, Jg. 9, S. 287–300.
Spreemann, K. (1990). Asymmetrische Information, Zeitschrift für Betriebswirtschaft, S. 561–586.
Stewart, D. W. (1981). The Application and Misapplication of Factor Analysis in Marketing Research. Journal of Marketing Research, 18 (1), S. 51–62.
Störzbach, G. (2013). Architektur zeichnen, Ein Arbeitsbuch zum Selbststudium, Springer, Wiesbaden.
Tajfel, H., Turner, J. C. (1979). An integrative theory of intergroup conflict. In W. G. Austin & S. Worchel (Eds.), The social psychology of intergroup relations, S. 33–47.
van Riel, C. B. M., van den Ban, A. (2001). The added value of corporate logos An empirical study, European Journal of Marketing, Vol. 35 No. 3/4, S. 428–440.
Veblen, T. (1899). The Theory of the Leisure Class Theorie der feinen Leute: eine ökonomische Untersuchung der Institutionen, Kiepenheuer & Witsch, Köln und Berlin.

Vo, T. (2017). Effects of brand values on customer loyalty intention: The mediating role of trust, attachment and consumer - brand identification, Science & Technology Development Journal - Economics - Law and Management, 1 (Q1), S. 83–96.
Wiedemann, J. (2015). Logo Design, Taschen, Köln.
Woelke, J. (2000). Wie valide sind Werbewirkungstests? – Der Einfluss des Testverfahrens auf Ergebnisse der Erinnerung und Bewertung, Zeitschrift für Medienpsychologie, 12 (3). S. 176–195.
Zimbardo, P., Gerrig, R. J. (2008). Psychologie, 18. Auflage, Pearson Verlag, München.

13

BILDNACHWEIS

FOTOGRAFIE

Verena König - Katrin Willert für DHBW Mannheim
Vera Barnert - Picaro Photography I Caroline Guth
17, 95

BE EXTRAORDINARY

37, 41, 42, 44, 47, 63, 71, 73, 89, 91, 92, 98, 102, 104, 107, 109, 110, 117, 119, 120, 122, 129, 131, 133, 135, 137, 144-147, 149-151, 153-157, 159-163, 167-175, 177

BILDDATENBANKEN

23-27, 31, 33, 39, 40, 43, 45, 47, 51, 53, 56-58, 60, 67, 77, 79, 80, 82, 89, 96, 107, 133, 135, 137-139, 141, 145,